音声DL版

聴ける！ 読める！ 書ける！ 話せる！

スペイン語
初歩の初歩

▶カタコトフレーズ ▶基本フレーズ ▶場面別フレーズ

JN015614

高橋書店

●スペインの州と都市

スペインには17の州があります。おもな州都と都市は以下のとおりです。

はじめに

　スペインならば、サグラダ・ファミリアなどの個性的な建築物、プラド美術館の名画、闘牛やフラメンコ。中南米ならば、数々の古代遺跡、サッカー、そして陽気なラテン音楽など。スペイン語圏には魅力的な文化がたくさんあります。

　ほんの少しスペイン語が話せれば、もうひとつ別の扉が開き、あなたの世界がぐんと広がります。本書は、これから初めてスペイン語を学びたいというあなたのお手伝いをします。

　まず PARTE 1 の基本ルールに目を通したら、難しく考えず、PARTE 2 のカタコトフレーズを覚えてしまいましょう。PARTE 3 では、ごくベーシックな文型を紹介しています。スペイン語学習者にとっては動詞の活用が最初の難関ですが、本書では使う動詞を最小限に厳選しました。それらの動詞をマスターすれば、人に尋ねたり、依頼したり、自分の状態を伝えたりすることができます。PARTE 4 では実際の場面を想定して、バリエーションが広がるフレーズをまとめています。ここまで身に付けば、旅先での基本会話に困ることはありません。

　スペイン語圏の人々はおしゃべりです。皆が同時に話すので、それに割り込むのはなかなか大変です。しかしこちらが「話すぞ」という姿勢を示せば、相手は辛抱強く待ってくれます。カタコトでもスペイン語で話ができれば、地元の人との距離が縮まり、そのぶん楽しい思い出が増えます。そしてもっとスペイン語を学習したくなるでしょう。

　本書をきっかけに、ぜひスペイン語圏とのお付き合いを始めてください。そのような方が1人でも多く増えることを願っています。

著者

本書の使い方

本書は、スペイン語の基礎をマスターするための入門書です。ごくシンプルな文型を中心に、実用的な表現をまとめています。

PARTE 1 スペイン語の基本ルール

まずは知っておきたい文字や発音のポイント、品詞ごとの特徴や形の変化など、スペイン語の基本ルールを学習します。

PARTE 2 通じればOK! カタコトフレーズ

コミュニケーションの第一歩となるあいさつやお礼、返事など、そのまま覚えてすぐに使えるフレーズを紹介しています。

PARTE 3 マスターしたい! 基本フレーズ

基本の動詞／疑問詞を使った、ベーシックな表現を身に付けます。

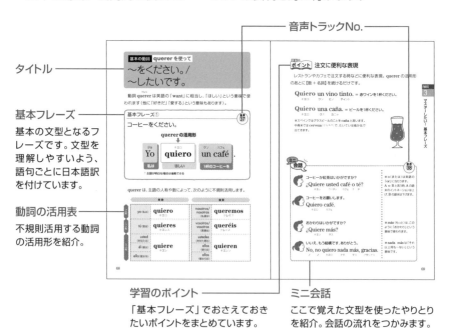

タイトル

基本フレーズ
基本の文型となるフレーズです。文型を理解しやすいよう、語句ごとに日本語訳を付けています。

動詞の活用表
不規則活用する動詞の活用形を紹介。

音声トラックNo.

学習のポイント
「基本フレーズ」でおさえておきたいポイントをまとめています。

ミニ会話
ここで覚えた文型を使ったやりとりを紹介。会話の流れをつかみます。

PARTE 4

旅先で使える! 場面別フレーズ

　スペイン、中南米を旅する設定で、場面ごとに役立つ表現を身に付けます。入れ替えフレーズの一部を別の語句にすれば、表現のバリエーションが広がります。

音声トラックNo.

ポイント　「入れ替えフレーズ」でおさえておきたいポイントをまとめています。

場面タイトル

入れ替えフレーズ
右ページの入れ替え語句を使えば、バリエーションが広がるフレーズです。

関連語句
この場面に関連する語句を紹介。

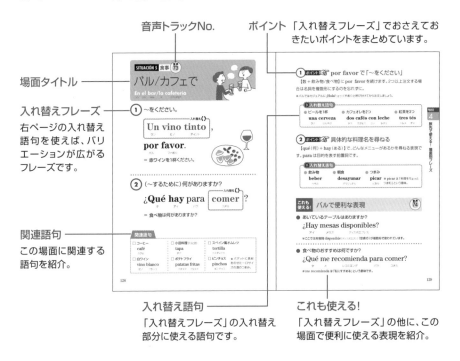

入れ替え語句
「入れ替えフレーズ」の入れ替え部分に使える語句です。

これも使える!
「入れ替えフレーズ」の他に、この場面で便利に使える表現を紹介。

付録　　動詞活用表

ひと目でわかる動詞活用表で、よく使うおもな動詞の活用形をまとめています。

音声について　音声マークの付いたフレーズや語句は、音声をダウンロードして聴くことができます。特にスペイン語特有の発音は音声をよく聴いて、まねをするように発音してみましょう。声に出して練習することで、スペイン語のナチュラルな発音を身に付けてください。

※音声は日本語 → スペイン語 の順で収録しています。
※ダウンロードの手順はカバー折返し部分をご参照ください。

目 次

 PARTE 1 スペイン語の **基本ルール** 🔊1～ 🔊14

 PARTE 2 通じればOK! **カタコトフレーズ** 🔊15～ 🔊20

編 集 協 力：有限会社テクスタイド	音 声 制 作：財団法人英語教育協議会（ELEC）
Ｄ Ｔ Ｐ：有限会社テクスタイド	ナレーション：スペイン語 Yolanda Fernández
校 正：Francisco Javier de Esteban Baquedano	Luis Octavio Rabasco Perez
本文イラスト：高村あゆみ	日 本 語 水月優希

PARTE 1

スペイン語の
基本ルール

スペイン語のごく基礎的な知識をまとめました。まずは文字と発音、品詞ごとの特徴などを理解しましょう。

ここで基本ルールをきちんとおさえておけば、以降の学習をスムーズに進めることができます。

スペイン語のひみつ

スペイン語が使われる地域

　スペイン語はスペインだ
けでなく、メキシコから南の
およそ20カ国で話されてい
ます。ヒスパニックと呼ばれ
る米国に住む中南米出身者
も加えると、世界で4億を超
える人々とつながることが
できる言語です。

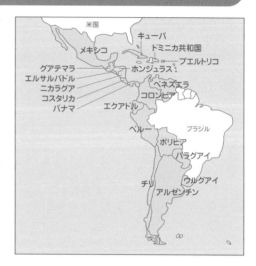

地域で異なるスペイン語

　スペイン語は、スペインと中南米とで使われる単語が少々異なります。
例えば「自動車」は、スペインでは coche が、中南米では auto や carro
が使われます。

　また、中南米の中でも国によって
単語が異なる場合があります。例え
ば「バス」は、中南米では一般的に
autobús または bus（スペインでは
autobús）が使われますが、キュー
バでは guagua が使われます。

※本書では、スペインと中南米で異なる代表的な単語に注意書きを記しています。

知らずに使っているスペイン語

普段何気なく使っている日本語の中に、実はスペイン語というものがいくつもあります。例えば「雨合羽」は、スペイン語では capa。また「カステラ」は元々「城」を意味する castillo（カスティジョ）から来ているという説もあります。「パン」はスペイン語でもそのまま pan（パン）です。スペイン旅行中に英語で「bread」と言ってもわかってもらえず、「パンが欲しいのに…」と日本語でつぶやいたら通じた、という笑い話もあります。

アラビア語が多いスペイン語

スペインはかつて7世紀にわたってイスラム教徒の支配下にありました。このような歴史が、スペインを他のヨーロッパ諸国と少し雰囲気の異なる国にしているのでしょう。

スペイン語には、アラビア語起源の言葉が4,000以上残っています。「al」や「a」から始まる言葉が多く、アルハンブラ（Alhambra）宮殿もそう。aceituna（オリーブの実）、azúcar（砂糖）、arroz（米）など、食べ物を表す言葉にアラビア語起源が多いのは、当時のアラブ人たちが、優れた農業の営み手だったからです。

文字と発音

アルファベット

音声 01

　スペイン語のアルファベットは27文字です。英語のアルファベットとは読み方が異なるので気をつけましょう。

母音			
A a ア	**B** b ベ	**C** c セ	**D** d デ
E e エ	**F** f エフェ	**G** g ヘ	**H** h アチェ
I i イ	**J** j ホタ	**K** k カ	**L** l エレ
O o オ	**P** p ペ	**Q** q ク	**R** r エレ
U u ウ	**V** v ウベ	**W** w ウベドブレ	**X** x エキス

（Mメーム Nエネ Ñエニェ行、Sエセ Tテ行、Yジェ Zセタ行を含む27文字）

Ñはスペイン語特有のアルファベットです。

アクセント

スペイン語のアクセントには次の3つの規則があります。

①アクセント記号がある単語

アクセント記号「´」が付いている音節にアクセントを置きます。

japonés （日本人）
ハポ**ネ**ス

café （コーヒー）
カ**フェ**

Panamá （パナマ）
パナ**マ**

fútbol （サッカー）
フッボル

②母音 a/e/i/o/u、もしくは子音 n/s で終わる単語

後ろから2つ目の音節にアクセントを置きます。

casa （家）
カサ

joven （若者）
ホベン

estadio （スタジアム）
エス**タ**ディオ

martes （火曜日）
マルテス

③ n/s 以外の子音で終わる単語

最後の音節にアクセントを置きます。

hotel （ホテル）
オ**テル**

Madrid （マドリード）
マド**リッ**

salir （出かける）
サ**リル**

reloj （時計）
レ**ロッ**ホ

13

◆母音

スペイン語の母音は日本語と同じ「a/e/i/o/u」の5つで、口を大きく開けて発音する強母音（a/e/o）と、口を閉じ気味に発音する弱母音（i/u）に分けられます。

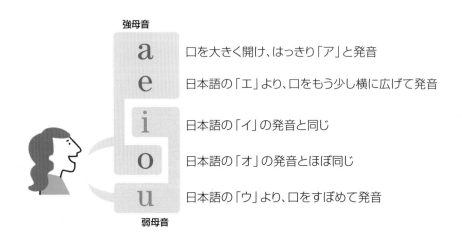

強母音

a 口を大きく開け、はっきり「ア」と発音

e 日本語の「エ」より、口をもう少し横に広げて発音

i 日本語の「イ」の発音と同じ

o 日本語の「オ」の発音とほぼ同じ

u 日本語の「ウ」より、口をすぼめて発音

弱母音

二重母音

2つの母音の組み合わせを二重母音といい、1つの母音と考えます。

弱母音 ＋ 強母音	強母音 ＋ 弱母音	弱母音 ＋ 弱母音
familia（家族）	**aire**（空気）	**cuidado**（注意）
ファミリア	アイレ	クイダド

三重母音

母音が3つ組み合わさる三重母音も1つの母音と考えます。

弱母音 ＋ 強母音 ＋ 弱母音

Paraguay（パラグアイ）
パラグ**アイ**

※語末の母音iは、その前が母音の場合はyとつづります。

◆つづりと発音

スペイン語特有のつづりと発音を確認しましょう。

	a	e	i	o	u	単語例と発音のポイント
c **(q)**	ca カ	que ケ	qui キ	co コ	cu ク	**queso**（チーズ）　**quién**（誰） ケソ　　　　　　　キエン
	—	ce セ	ci シ	—	—	スペインでは英語の「th」、中南米では ローマ字「se」「si」の発音になる。 **cebolla**（玉ねぎ）　**cine**（映画館） セボジャ　　　　　　シネ
g	ga ガ	gue ゲ	gui ギ	go ゴ	gu グ	**guerra**（戦争）　**guía**（ガイド） ゲラ　　　　　　ギア
	—	güe グエ	güi グイ	—	—	u の上に「¨」が付くと ue/ui は母音を 分けて発音する。 **bilingüe**（バイリンガル） ビリングエ
	—	ge ヘ	gi ヒ	—	—	喉の奥から強く息を吐く。 **gente**（人々）　**región**（地域） ヘンテ　　　　　レヒオン
h	ha ア	he エ	hi イ	ho オ	hu ウ	「h」は発音しない。　※外来語や固有名詞 **huevo**（卵）　では発音する場合も ウエボ　　　　　ある。
j	ja ハ	je ヘ	ji ヒ	jo ホ	ju フ	喉の奥から強く息を吐く。 **Japón**（日本）　**trabajo**（仕事） ハポン　　　　　トラバッホ
ll	lla ジャ	lle ジェ	lli ジ	llo ジョ	llu ジュ	**llave**（鍵）　**lluvia**（雨） ジャベ　　　　ジュビア ※地域によっては「リャ」「ヤ」「シャ」と発音。
ñ	ña ニャ	ñe ニェ	ñi ニ	ño ニョ	ñu ニュ	**compañía**（会社）　**pequeño**（小さい） コンパニア　　　　　ペケニョ
r	ra ラ	re レ	ri リ	ro ロ	ru ル	語頭の「r」、語中の「rr」は巻き舌になる。 **rosa**（バラ）　**arroz**（米） ロサ　　　　　アロス
v	va バ	ve ベ	vi ビ	vo ボ	vu ブ	英語のように唇は噛まない。 **vaso**（コップ）　**vista**（景色） バソ　　　　　ビスタ
z	za サ	ze セ	zi シ	zo ソ	zu ス	スペインでは英語の「th」、中南米では 日本語の「サ行」と同じ発音になる。 **zapatos**（靴） サパトス

名詞と冠詞

男性名詞と女性名詞　 音声 04

　人も動物もものも、スペイン語のすべての名詞は文法上、男性形と女性形に分かれます。

◆-oで終わる名詞 ＝ 男性形

男性名詞は基本的に -o で終わります。

libro (本)
リブロ

amigo (男友達)
アミゴ

> **-o** で終わっても女性名詞、という例外もあります。
> **mano** (手) ／ **foto** (写真)
> 　マノ　　　　　 フォト

◆-aで終わる名詞 ＝ 女性形

女性名詞は基本的に -a で終わります。

tienda (お店)
ティエンダ

amiga (女友達)
アミガ

> **-a** で終わっても男性名詞、という例外もあります。
> **día** (日) ／ **idioma** (言語)
> 　ディア　　　 イディオマ

◆-e や子音で終わる名詞

　-e や子音で終わる名詞は、男性形／女性形いずれの場合もあります。辞書で確認して覚えましょう。

男性名詞	女性名詞
baile（踊り） バイレ	**leche**（牛乳） レチェ
papel（紙） パペル	**flor**（花） フロル

次の名詞では語尾にかかわらず、実際の男女の性が名詞の性になります。

男性名詞	女性名詞
padre（父） パドレ **marido**（夫） マリド	**madre**（母） マドレ **mujer**（妻） ムヘル

名詞の複数形

音声
05

　名詞の複数形は、単数形の語尾にそのまま -s/-es を付けます。

◆母音で終わる名詞には -s

単数形 **diccionario**（辞書）
　　　　ディクシオナリオ

↓

複数形 **diccionarios**
　　　　ディクシオナリオス

◆子音で終わる名詞には -es

単数形 **tren**（列車）
　　　　トレン

↓

複数形 **trenes**
　　　　トレネス

17

名詞によって形が変わる冠詞

　冠詞には定冠詞と不定冠詞があり、後ろにくる名詞の性と数によって、その形が変わります。

◆定冠詞

　英語の「the」に当たる定冠詞は、特定されているものや、すでに話題に出ているものに使います。名詞 amigo（男友達）/amiga（女友達）の前に定冠詞を置いて、変化を見てみましょう。

	単数		複数	
男性	el エル	（その）男友達 el amigo エル　アミゴ	los ロス	（それらの）男友達 los amigos ロス　アミゴス
女性	la ラ	（その）女友達 la amiga ラ　アミガ	las ラス	（それらの）女友達 las amigas ラス　アミガス

※定冠詞は「その〜」「それらの〜」というニュアンス。日本語訳には反映されません。

◆不定冠詞

　英語の「a/an」に当たる不定冠詞は、特定されていないものや、初めて話題に出てきたものに使います。複数形は英語の「some」に当たります。

	単数		複数	
男性	un ウン	（ある）男友達 un amigo ウン　アミゴ	unos ウノス	（何人かの）男友達 unos amigos ウノス　アミゴス
女性	una ウナ	（ある）女友達 una amiga ウナ　アミガ	unas ウナス	（何人かの）女友達 unas amigas ウナス　アミガス

※不定冠詞は「ある〜」「いくつかの〜」というニュアンス。日本語訳には反映されません。

まずは知りたい 基本ルール③

人称代名詞

主語になる人称代名詞　音声07

主語に使われる人称代名詞には次の形があります。

	単数		複数		
一人称	私は	yo ジョ	私達は	男性	nosotros ノソトロス
				女性	nosotras ノソトラス
二人称	君は	tú トゥ	君達は	男性	vosotros ボソトロス
				女性	vosotras ボソトラス
三人称	あなたは	usted ウステッ	あなた達は	ustedes ウステデス	
	彼は	él エル	彼らは	ellos エジョス	
	彼女は	ella エジャ	彼女らは	ellas エジャス	

※tú（君は）/vosotros/vosotras（君達は）は家族や友人などの親しい間柄で使います。usted（あなたは）/ustedes（あなた達は）は初対面の人や目上の人に対して使い、話し相手との距離感があることから三人称に分類されます。

※男女混合（複数）の場合は、男性形の nosotros/vosotros を使います。

※スペイン語では、動詞の活用形から主語が判断されるので、多くの場合主語は省略されます。

形容詞

修飾する名詞で語尾変化する

　スペイン語の形容詞は、修飾する名詞の性や数によって語尾変化します。
形容詞は一般的に名詞の後ろに置きます。

◆語尾が -o の場合

　形容詞の語尾が -o の場合、修飾する名詞が単数形の女性形の場合、
その形容詞の語尾は -a に変化します。複数形は男女それぞれの単数形
に -s を付けます。

	男性名詞 + 形容詞	女性名詞 + 形容詞
単数形	perro blanco（白い犬） ペロ　ブランコ	oveja blanca（白い羊） オベッハ　ブランカ
↓		
複数形	perros blancos ペロス　ブランコス	ovejas blancas オベッハス　ブランカス

◆語尾が -o 以外の母音の場合

　形容詞の語尾が -o 以外の母音の場合、単数形は男女同形です。複数形
は単数形に -s を付けます。

	男性名詞 + 形容詞	女性名詞 + 形容詞
単数形	perro grande（大きな犬） ペロ　グランデ	oveja grande（大きな羊） オベッハ　グランデ
↓		
複数形	perros grandes ペロス　グランデス	ovejas grandes オベッハス　グランデス

◆語尾が子音の場合

形容詞の語尾が子音の場合も、単数形は男女同形です。複数形は単数形に **-es** を付けます。

	男性名詞 + 形容詞	女性名詞 + 形容詞
単数形	perro **joven**（若い犬） ペロ　ホベン	oveja **joven**（若い羊） オベッハ　ホベン
複数形	perros **jóvenes** ペロス　ホベネス	ovejas **jóvenes** オベッハス　ホベネス

● 地名から作られた形容詞の語尾が **-o** または子音の場合、女性形は語尾が **-a** になります。

hombre **español**（スペイン人の男性）
オンブレ　エスパニョル

mujer **española**（スペイン人の女性）
ムヘル　エスパニョラ

指示形容詞　音声 09

「この」「その」「あの」などの指示形容詞は名詞の前に置きます。chico（少年）/chica（少女）と組み合わせて、変化を見てみましょう。

	形容される名詞			
	男性・単数	女性・単数	男性・複数	女性・複数
この/ これらの	**este** chico エステ　チコ	**esta** chica エスタ　チカ	**estos** chicos エストス　チコス	**estas** chicas エスタス　チカス
その/ それらの	**ese** chico エセ　チコ	**esa** chica エサ　チカ	**esos** chicos エソス　チコス	**esas** chicas エサス　チカス
あの/ あれらの	**aquel** アケル chico チコ	**aquella** アケジャ chica チカ	**aquellos** アケジョス chicos チコス	**aquellas** アケジャス chicas チカス

所有形容詞

英語の「my（私の）」「your（あなたの）」などに当たる所有形容詞は、英語と同様、基本的に名詞の前に置きます。所有される名詞 amigo（男友達）／ amiga（女友達）と組み合わせて、変化を見てみましょう。

	所有される名詞			
	男性・単数	女性・単数	男性・複数	女性・複数
私の	mi amigo ミ　アミゴ	mi amiga ミ　アミガ	mis amigos ミス　アミゴス	mis amigas ミス　アミガス
君の	tu amigo トゥ　アミゴ	tu amiga トゥ　アミガ	tus amigos トゥス　アミゴス	tus amigas トゥス　アミガス
あなたの、彼の、彼女の、その	su amigo ス　アミゴ	su amiga ス　アミガ	sus amigos スス　アミゴス	sus amigas スス　アミガス
私達の	nuestro ヌエストロ amigo アミゴ	nuestra ヌエストラ amiga アミガ	nuestros ヌエストロス amigos アミゴス	nuestras ヌエストラス amigas アミガス
君達の	vuestro ブエストロ amigo アミゴ	vuestra ブエストラ amiga アミガ	vuestros ブエストロス amigos アミゴス	vuestras ブエストラス amigas アミガス
あなた達の、彼らの、彼女らの、それらの	su amigo ス　アミゴ	su amiga ス　アミガ	sus amigos スス　アミゴス	sus amigas スス　アミガス

まずは知りたい 基本ルール⑤

前置詞

名詞などを他の単語と結び付ける

音声 11

　前置詞は、名詞や名詞的な語句の前に置き、他の単語と結び付ける役割があります。よく使われる前置詞とおもな意味は次のとおりです。

● ～へ（方向）、～時に

a
ア

スペインへ
a España
ア　エスパニャ

10時に
a las diez
ア　ラス　ディエス

● ～の（所有・所属）、～でできた（材料）

de
デ

ルシアの男友達
amigo de Lucía
アミゴ　デ　ルシア

プラスチック製の
de plástico
デ　プラスティコ

● ～から（場所、とき）

desde
デスデ

空港から
desde el aeropuerto
デスデ　エル　アエロプエルト

昨日から
desde ayer
デスデ　アジェル

● ～まで（場所、とき）

hasta
アスタ

セビリヤまで
hasta Sevilla
アスタ　　セビジャ

明日まで
hasta mañana
アスタ　　マニャナ

● ～と一緒に

con
コン

アナと一緒に
con Ana
コン　アナ

● ～の中に/で

en
エン

家の中に/で
en la casa
エン ラ　カサ

● ～のために

para
パラ

ペドロのために
para Pedro
パラ　ペドロ

23

動詞

動詞の基本

　スペイン語の動詞は人称と数によって活用しますが、規則活用する動詞と不規則活用する動詞があります。規則活用する動詞は、原形の語尾によって -ar動詞、-er動詞、-ir動詞の3つに分けられます。

※不規則活用動詞については、PARTE 3で活用形を紹介します。

規則活用動詞

音声 12

　規則活用する動詞は -ar動詞、-er動詞、-ir動詞ごとに語尾変化パターンが決まっています。現在形の活用を見ていきましょう。

◆ -ar動詞

話す
hablar
アブラル

		単数		複数	
一人称	yo(私は)	**hablo** アブロ	nosotros/nosotras (私達は)	**hablamos** アブラモス
二人称	tú(君は)	**hablas** アブラス	vosotros/vosotras (君達は)	**habláis** アブライス
三人称	usted (あなたは)	**habla** アブラ	ustedes (あなた達は)	**hablan** アブラン
	él(彼は)		ellos(彼らは)	
	ella(彼女は)		ellas(彼女らは)	

おもな -ar動詞　　**trabajar**（働く）　**estudiar**（勉強する）　**viajar**（旅行する）
　　　　　　　　　トラバハル　　　　エストゥディアル　　　　　ビアハル

24

◆-er動詞

		単数		複数	
一人称	yo (私は)	**como** コモ	nosotros/ nosotras （私達は）	**comemos** コメモス
二人称	tú (君は)	**comes** コメス	vosotros/ vosotras （君達は）	**coméis** コメイス
三人称	usted （あなたは）	**come** コメ	ustedes （あなた達は）	**comen** コメン
	él (彼は)		ellos (彼らは)	
	ella (彼女は)		ellas (彼女らは)	

食べる
comer
コメル

おもな
-er動詞

leer (読む)　　　**creer** (思う)
レエル　　　　　　　クレエル

aprender (学ぶ)
アプレンデル

◆-ir動詞

		単数		複数	
一人称	yo (私は)	**vivo** ビボ	nosotros/ nosotras （私達は）	**vivimos** ビビモス
二人称	tú (君は)	**vives** ビベス	vosotros/ vosotras （君達は）	**vivís** ビビス
三人称	usted （あなたは）	**vive** ビベ	ustedes （あなた達は）	**viven** ビベン
	él (彼は)		ellos (彼らは)	
	ella (彼女は)		ellas (彼女らは)	

住む
vivir
ビビル

おもな
-ir動詞

escribir (書く)　　　**abrir** (開ける)　　　**subir** (乗る)
エスクリビル　　　　　　アブリル　　　　　　　　スビル

25

数を表す

数量を伝える、金額を確認する、時間や日付を表すなどの場合に必要な、スペイン語の数の表現を覚えましょう。

0〜99

音声 13

> unoは男性名詞の前で **un**、女性名詞の前で **una** になります。

0	**cero** セロ						
1	**uno** ウノ	11	**once** オンセ	21	**veintiuno** ベインティウノ	31	**treinta y uno** トレインタ イ ウノ
2	**dos** ドス	12	**doce** ドセ	22	**veintidós** ベインティドス	40	**cuarenta** クアレンタ
3	**tres** トレス	13	**trece** トレセ	23	**veintitrés** ベインティトレス	50	**cincuenta** シンクエンタ
4	**cuatro** クアトロ	14	**catorce** カトルセ	24	**veinticuatro** ベインティクアトロ	60	**sesenta** セセンタ
5	**cinco** シンコ	15	**quince** キンセ	25	**veinticinco** ベインティシンコ	70	**setenta** セテンタ
6	**seis** セイス	16	**dieciséis** ディエシセイス	26	**veintiséis** ベインティセイス	80	**ochenta** オチェンタ
7	**siete** シエテ	17	**diecisiete** ディエシシエテ	27	**veintisiete** ベインティシエテ	90	**noventa** ノベンタ
8	**ocho** オチョ	18	**dieciocho** ディエシオチョ	28	**veintiocho** ベインティオチョ	99	**noventa** ノベンタ
9	**nueve** ヌエベ	19	**diecinueve** ディエシヌエベ	29	**veintinueve** ベインティヌエベ		**y nueve** イ ヌエベ
10	**diez** ディエス	20	**veinte** ベインテ	30	**treinta** トレインタ		

> 「16」〜「29」は十の位と一の位を **y**（＝英語の「and」）でつないだものが一語になっています。
>
> die**z**(10) ＋ **y** ＋ s**i**ete(7) → die**ci**siete(17)

> 「31」〜「99」は十の位と一の位を y でつなぎます。
>
> treinta **y** dos
> = 32

26

100〜

音声
14

cien は他の数と組み合わせる場合 ciento [シエント] になります。

100	cien シエン	1,000	mil ミル
101	ciento uno シエント ウノ	1,010	mil diez ミル ディエス
111	ciento once シエント オンセ	1,200	mil doscientos ミル ドスシエントス
120	ciento veinte シエント ベインテ	2,000	dos mil ドス ミル
200	doscientos ドスシエントス	10,000	diez mil ディエス ミル
300	trescientos トレスシエントス	20,000	veinte mil ベインテ ミル
400	cuatrocientos クアトロシエントス	100,000	cien mil シエン ミル
500	quinientos キニエントス	200,000	doscientos mil ドスシエントス ミル
600	seiscientos セイスシエントス	1,000,000	un millón ウン ミジョン
900	novecientos ノベシエントス	2,000,000	dos millones ドス ミジョネス

スペルではなく数字で表記する場合、3桁の区切りはピリオド「.」になります。
1.000 = 1,000

mil は複数形になりません。

「200」〜「900」はひと桁の数と cientos（100）の組み合わせでできています。

dos（2）＋ cientos（100）
→ doscientos（200）

※「500」のみ例外の形です。
※女性名詞の前で、語尾 -tos は -tas になります。

序数「〜番目の」

1番目の	primero プリメロ	4番目の	cuarto クアルト	7番目の	séptimo セプティモ
2番目の	segundo セグンド	5番目の	quinto キント	8番目の	octavo オクタボ
3番目の	tercero テルセロ	6番目の	sexto セクスト	9番目の	noveno ノベノ

※女性名詞の前で、語尾 -o は -a になります。
※primero と tercero は、男性名詞の前で語尾 -o が脱落し、primer [プリメル]/tercer [テルセル]になります。

27

おさらい練習問題

① 次の単語を発音してみましょう。

1. hotel（ホテル）

2. familia（家族）

3. Japón（日本）

4. llave（鍵）

5. bilingüe（バイリンガル）

6. zapatos（靴）

② 次の数字のスペルを答えてください。

1.	18	
2.	25	
3.	110	
4.	2,000	
5.	10,000	

③ 日本語訳と一致するスペイン語を線で結びましょう。

私の母 •   • esta casa

あの犬 •   • tu amigo

この家 •   • mi madre

君の男友達 •   • ese libro

私達の家族 •   • aquel perro

その本 •   • nuestra familia

正解：① 1. オテル 2. ファミリア 3. ハポン 4. **ジャペ** 5. ビリングエ 6. サパトス
    ② 1. dieciocho 2. veinticinco 3. ciento diez 4. dos mil 5. diez mil
    ③ 私の母＝mi madre／あの犬＝aquel perro／この家＝esta casa／
    君の男友達＝tu amigo／私達の家族＝nuestra familia／その本＝ese libro

¿Lo sabías? 豆知識 スペイン人の名前はなぜ長い?

スペイン人の名前はとても長いのが特徴。例えば「マリア・カルメン・ロドリゲス・モントヤ・デ・ペレス」という女性の名前は次のように構成されます。

María Carmen	Rodríguez	Montoya	de	Pérez
名	父方の姓	母方の姓		夫の姓

このように、名前を見れば父方/母方はもちろん、夫の姓も付いていることで既婚者であることがわかります。スペインでは女性が結婚した場合、「誰それの妻」という意味の「de＋夫の姓」を付け加えるだけなので、夫婦別姓になります。正式な名前は長いため、日常生活では「マリア・カルメン・ロドリゲス」などと母方の姓以降を省略して言うことが多いようです。

さて「マリア・カルメン」は、2つの名前の組み合わせになっています。カトリックの国スペインでは、イエスの母「マリア」などキリスト教にちなんだ名前が多く、同じ名前の人が何人もいるため、混同しないよう名前を2つ並べるのです。

時代とともに、スペイン人の名前も少しずつ変わってきました。以前は女性は「マリア」「カルメン」、男性「ホセ」「アントニオ」が多かったのですが、最近では「ルシーア」「ラウラ」(女性名)、「アレハンドロ」「ダビ」(男性名)が好まれているようです。

PARTE 2

通じればOK！
カタコトフレーズ

コミュニケーションに欠かせないあいさつやお礼、返事などをまとめました。疑問詞を使った質問や、感情が伝わる感嘆表現も紹介しています。

シンプルな表現ばかりなので、そのまま覚えて、すぐに使うことができます。

出会いのあいさつ

💬 やあ!

¡Hola! くだけた表現
オラ

> 親しい間柄なら、いつでも、どこでも使える
> あいさつ。英語の「Hi!」に当たります。

※スペイン語の感嘆文は、前後を「¡」「!」でくくります。

・・

💬 おはようございます。

Buenos días.
ブエノス　　　　ディアス

※相手が男性の場合は señor、女性の場合は señora (若い女性の場合は señorita)を付
　　　　　　セニョル　　　　　　　　　　セニョラ　　　　　　　　　　　　セニョリタ
け加えれば、より丁寧な表現になります(次の「こんにちは」「こんばんは」も同様)。

・・

💬 こんにちは。

Buenas tardes.
ブエナス　　　　タルデス

・・

💬 こんばんは。

Buenas noches.
ブエナス　　　　ノチェス

> 別れる時に「おやすみなさい」と
> いう意味でも使えます。

・・

💬 はじめまして。

¡Mucho gusto!
ムチョ　　　　グスト

💬 どう、元気？

¿Qué tal? くだけた表現
ケ　　タル

💬 元気だよ。君は？

Bien. ¿Y tú? くだけた表現
ビエン　　イ　トゥ

二人称 tú（君）を使った
カジュアルな表現です。

※スペイン語の疑問文は、前後を「¿」「?」でくくります。

💬 お元気ですか？

¿Cómo está? かしこまった表現
コモ　　　　エスタ

💬 とても元気です、ありがとう。あなたは？

Muy bien, gracias.
ムイ　　　ビエン　　　グラシアス

¿Y usted? かしこまった表現
イ　　　ウステッ

usted（あなた）を使った、目
上の人などに使う表現です。

¿Lo sabías? 豆知識　くしゃみをした人への気遣い

　スペインでは、誰かがくしゃみをしたら、それが知らない人であっても ¡Salud!（サル）
（おだいじに！）と声をかけます。salud の本来の意味は「健康」です。くしゃみを
して、誰かに ¡Salud! と言われたら、笑顔で ¡Gracias!（ありがとう！）とお礼を返し
ましょう。

別れのあいさつ

💬 またね。

Hasta luego.
アスタ　　ルエゴ

> 「また会いましょう」という意味のあいさつです。

💬 また明日。

Hasta mañana.
アスタ　　　マニャナ

💬 気をつけて!

¡Cuídate!
クイダテ

> 旅行などに出かける人に「行ってらっしゃい!」の意味でも使えます。目上の人には ¡Cuídese! と言いましょう。
> クイデセ

💬 じゃあね!

¡Chao! くだけた表現
チャオ

> ペルーやアルゼンチンなどでよく使われるあいさつ。英語の「Bye!」に当たります。

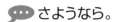 さようなら。

Adiós.
アディ**オ**ス

> Adiós だけだと、相手にそっけない印象を与えます。
> 他の別れのあいさつと組み合わせて使いましょう。

さようなら、またね。

Adiós, hasta luego.
アディ**オ**ス　　　アスタ　　　ル**エ**ゴ

さようなら、また明日。

Adiós, hasta mañana.
アディ**オ**ス　　　アスタ　　　マニャナ

またね、マリア。いろいろありがとう。
Hasta luego, María.　Gracias por todo.
アスタ　　ル**エ**ゴ　　マリア　　　グラシアス　　ボル　　**ト**ド

※señor は男性に対する敬称。手紙の宛名などには Sr. と省略して書きます。

さようなら、サンチェスさん。よい旅を！
Adiós, señor Sánchez.　¡Buen viaje!
アディ**オ**ス　　セニョル　　**サ**ンチェス　　　ブエン　　ビアへ

おれとおわび

💬 ありがとう。

Gracias.
グラシアス

💬 どういたしまして。

De nada.
デ　ナダ

‧‧‧‧‧‧‧‧‧‧‧‧‧‧‧‧‧‧‧‧‧‧‧‧‧‧‧‧‧‧‧‧‧‧

💬 どうもありがとう。

Muchas gracias.
ムチャス　　　　グラシアス

> muchas（とても）が加わると、感謝の気持ちが強調されます。

💬 こちらこそありがとう。

Gracias a ti. くだけた表現
グラシアス　　ア ティ

💬 こちらこそありがとうございます。

Gracias a usted. かしこまった表現
グラシアス　　ア　　ウステッ

💬 ごめん。

Disculpa. / Perdona. / Perdón. <かだけた表現>

ディス**ク**ルパ　　ペル**ド**ナ　　ペル**ドン**

> いずれも、人に呼びかける時にも使える表現です。

💬 すみません。

Disculpe. / Perdone. <かしこまった表現>

ディス**ク**ルペ　　ペル**ド**ネ

💬 申し訳ありません。

Lo siento.

ロ　シ**エン**ト

💬 大丈夫ですよ。

No hay problema.

ノ　**ア**イ　プロブ**レ**マ

💬 本当に申し訳ありません。

Lo siento mucho.

ロ　シ**エン**ト　**ム**チョ

> mucho（本当に）が加わると、謝罪の気持ちが強調されます。

💬 心配しないで。

No te preocupes. <かだけた表現>

ノ　テ　プレオ**ク**ペス

💬 心配なさらないでください。

No se preocupe. <かしこまった表現>

ノ　セ　プレオ**ク**ペ

返事とあいづち

💬 はい、ありがとう。

Sí, gracias.
シィ　　　グ**ラ**シアス

. . . .

💬 いいえ、結構です。

No, gracias.
ノ　　　　グ**ラ**シアス

> 相手の申し出を断る場合も、このように gracias を使い、感謝の気持ちを込めて返します。

. . . .

💬 わかりました。

De acuerdo. かしこまった表現
デ　　　アク**エ**ルド

. . . .

💬 わかりません。

No sé.
ノ　　**セ**

肯定する

💬 もちろん。
Claro.
クラロ

💬 オーケー。
Vale. 〈くだけた表現〉
バレ

> おもにスペインでよく使われる
> 表現です。

否定する

💬 そんなばかな。
No me digas. 〈くだけた表現〉
ノ　　　メ　　　ディガス

💬 うそでしょう。
No me diga. 〈かしこまった表現〉
ノ　　　メ　　　ディガ

> いずれも「そんなこと言わない
> で」という意味の表現です。

💬 ありえない。
No puede ser.
ノ　　　プエデ　　　セル

いろいろと尋ねる

💬 なあに?

¿Qué? くだけた表現
ケ

> 親しい間柄で問い返す時に使います。

💬 何ですか?

¿Cómo?
コモ

> cómo は本来は「どのような」という意味。相手の言うことがよく聞きとれなかった時に使います。

💬 君の名前は何ていうの?

¿Cómo te llamas? くだけた表現
コモ　　テ　　ジャマス

> 名前を尋ねる場合も cómo を使います。

💬 あなたのお名前は何ですか?

¿Cómo se llama? かしこまった表現
コモ　　セ　　ジャマ

💬 いくら?／どのくらい?

¿Cuánto?
クアント

> 値段や量を尋ねる表現です。

40

💬 いつ?

¿Cuándo?
クアンド

・・・・・・・・・・・・・・・・・・・・・・・・・・・・・・・・・・・・・

💬 どこ?

¿Dónde?
ドンデ

・・・・・・・・・・・・・・・・・・・・・・・・・・・・・・・・・・・・・

💬 誰と?

¿Con quién?
コン　　　　キエン

英語の「with」に当たる前置詞 con
（〜と）と疑問詞 quién（誰）を組み合
わせた表現です。

・・・・・・・・・・・・・・・・・・・・・・・・・・・・・・・・・・・・・

💬 どうして?

¿Por qué?
ポル　　　　ケ

驚き/喜びなどを表す

💬 久しぶり!

¡Cuánto tiempo!
クア**ン**ト　　　ティ**エ**ンポ

💬 どうしよう!

¡Dios mío!
ディ**オ**ス　　ミオ

> 直訳すると「わが神よ!」。自分の力が及ばない状況で使われる表現です。

💬 信じられない!

¡Increíble!
インクレ**イ**ブレ

💬 うわっ!

¡Uy!
ウイ

💬 なんておいしいんでしょう!

¡Qué rico!
ケ　　　リコ

> qué (何) のあとに感情や感覚を表す単語を続け、前後を「¡」「!」でくくると、「なんて〜でしょう!」という表現になります。

💬 なんてうれしいんでしょう!

¡Qué alegría!
ケ　　　　アレグ**リ**ア

💬 なんて暑いんでしょう!

¡Qué calor!
ケ　　　カ**ロ**ル

> calor (暑い) を frío (寒い) に替えれば
> 「なんて寒いんでしょう!」になります。

💬 それはいいですね!

¡Qué bien!
ケ　　　ビエン

> bien (よく) を mal (悪く) に替えれば
> 「なんてこった!」という意味になります。

💬 なんとびっくり!

¡Qué susto!
ケ　　　ススト

43

おさらい練習問題

① あいさつ文になるよう、空欄に適切な単語を入れましょう。

1. Buenos [　　　　].

   = おはようございます。

2. Buenas [　　　　].

   = こんにちは。(午後のあいさつ)

3. Buenas [　　　　].

   = こんばんは。

4. ¿Cómo [　　　　] usted, señor López?

   = ロペスさん、お元気ですか?

5. ¡Adiós, hasta [　　　　]!

   = さようなら、また明日!

6. ¡Adiós, hasta [　　　　]!

   = さようなら、またね!

② 正しい返答になるよう、空欄に適切な単語を入れましょう。

1. **Muchas gracias.**
   （どうもありがとう。）

   → [   ] **a ti.**

   ＝ こちらこそ、ありがとう。

2. **Lo siento.**
   （申し訳ありません。）

   → **No hay** [   ] **.**

   ＝ 大丈夫ですよ。

③ 次の感嘆文をスペイン語にしましょう。

1. なんて暑いんでしょう！ [   ]

2. 信じられない！ [   ]

3. 久しぶり！ [   ]

正解：① 1. días 2. tardes 3. noches 4. está 5. mañana 6. luego
  ② 1. Gracias 2. problema
  ③ 1. ¡Qué calor! 2. ¡Increíble! 3. ¡Cuánto tiempo!

¿Lo sabías? 豆知識 食事もお酒も楽しめるバル

　スペイン人の食事のメーンは昼食で、午後2時頃から2時間くらいかけてゆっくり食べます。その時間帯は、銀行も郵便局もお店（デパートを除く）も閉まってしまうので注意が必要です。昼食が遅いぶん夕食も遅めで、レストランの予約も午後9時以降が当たり前。日本人の感覚からすると、食事のサイクルが合わないので不便に思えますが、これを補ってくれるのがバル（bar）の存在です。

　バルは居心地のよい場所を一日中提供してくれます。夜にお酒を飲むだけでなく、朝食やしっかりした昼食を食べたり、休憩時にコーヒーを飲んだり、日本のバーとは違って家族ぐるみで行くことができます。隅っこの席で1人静かに過ごすもよし、カウンターに並んで仲間とワイワイやるもよし、楽しみ方もさまざまです。ウエイターと顔見知りになれば、ちょっとしたサービスをしてくれることもあります。

　スペイン旅行で胃が少し疲れてきたら、コーヒーよりもハーブティーがおすすめ。「Un té verde, por favor.[ウン テ ベルデ ポル ファボル]（ハーブティーをください）」と言って注文しましょう。ハーブティーは「té（お茶）＋ verde（緑色の）」、また「infusión[インフシオン]」とも言います。

46

PARTE 3

マスターしたい！
基本フレーズ

「私は〜です。」「〜ですか？」を始めとする基本フレーズをまとめました。ベースに使われているのは、たった9つの動詞と、4つの疑問詞です。
やさしい文型ばかりなので、スペイン語の基本表現が楽に身に付きます。

～です。／～ですか？

動詞 ser（セル）は英語のbe動詞に相当し、「私は～です」のように、名前や職業、国籍などを表す時に使います。

基本フレーズ①

音声
21

私はアキラです。

serの活用形
↓

| ジョ Yo | ソイ soy | アキラ Akira | . |
| 私は | ～である | アキラ |

↑主語が明白な場合は省略できる

ser は、主語の人称や数によって、次のように不規則活用します。

	単 数			複 数	
一人称	yo（私は）	**soy** ソイ		nosotros/ nosotras （私達は）	**somos** ソモス
二人称	tú（君は）	**eres** エレス		vosotros/ vosotras （君達は）	**sois** ソイス
三人称	usted （あなたは） él（彼は） ella（彼女は）	**es** エス		ustedes （あなた達は） ellos （彼らは） ellas （彼女らは）	**son** ソン

48

名前を言う

　ser の活用形のあとに名前を続けるだけです。動詞の活用形で主語が
わかる場合、主語は省略できます。

Soy Hiroshi. = 私はヒロシです。
　　ソイ　　　　ヒロシ

※soy は ser の一人称単数なので、
主語＝「私」とわかります。

職業を言う

　職業名は、主語の性と数に一致させるのがポイントです。

主語＝男性	主語＝女性

単数

Akira es profesor.
　アキラ　　エス　　　プロフェ**ソ**ル
＝ アキラは（男性）教師です。

Yuki es profesora.
　ユキ　　**エス**　　　プロフェ**ソ**ラ
＝ ユキは（女性）教師です。

複数

Ellos son profesores.
　エ**ジョ**ス　　**ソ**ン　　　プロフェ**ソ**レス
＝ 彼らは教師です。

Ellas son profesoras.
　エ**ジャ**ス　　**ソ**ン　　　プロフェ**ソ**ラス
＝ 彼女らは教師です。

※主語が男女混合の場合、職業は男性形で表します。

> エストゥディ**ア**ンテ　　　　　オフィシ**ニ**スタ
> **ここも重要** estudiante（学生）や oficinista（事務員）など、
> 男女共通の職業名もあります。

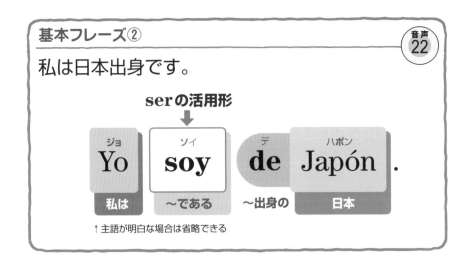

基本フレーズ②

音声 22

私は日本出身です。

serの活用形

ジョ
Yo
私は

ソイ
soy
〜である

デ
de
〜出身の

ハポン
Japón.
日本

↑ 主語が明白な場合は省略できる

ポイント 出身地を言う

【ser（セル）の活用形 ＋ 前置詞 de（〜出身の）】のあとに国名や地名を続ければ、出身地を表すことができます。

Soy de Tokio. ＝ 私は東京出身です。
ソイ　デ　トキオ

Susana es de Perú.
スサナ　エス　デ　ベル
＝ スサナはペルー出身です。

関連語句

□ スペイン **España** エスパニャ	□ コロンビア **Colombia** コロンビア	□ ペルー **Perú** ベル
□ メキシコ **México** メヒコ	□ キューバ **Cuba** クバ	□ アルゼンチン **Argentina** アルヘンティナ

あなたはスペイン人ですか？

serの活用形
↓

¿	ウステッ Usted	エス es	エスパニョル español	?
	あなたは	～である	スペイン人（男性）	か？

↑主語が明白な場合は省略できる

学習の ポイント 疑問文の作り方

　疑問文の語順は平叙文と同じまま、文の最初と最後を「¿」と「?」でくくります。文末のイントネーションを上げて発音してください。

💬 **¿Akira es profesor?** = アキラは教師ですか？
　　アキラ　　エス　　プロフェ**ソ**ル

💬 **Sí, es profesor.** = はい、教師です。
　　シィ　エス　　プロフェ**ソ**ル

💬 **No, no es profesor.** = いいえ、教師ではありません。
　　ノ　　ノ　エス　　プロフェ**ソ**ル

> ここも 重要　否定文は動詞の前に no を置きます。

～にいます。/
～にあります。

動詞 estar は ser 同様、英語のbe動詞に相当し、「（人が）いる/（もの
が）ある」という意味で使われます。

基本フレーズ①　音声 24

私はマチュピチュにいます。

estarの活用形

ジョ Yo	エストイ **estoy**	エン **en**	マチュ ピチュ Machu Picchu
私は	いる	～に	マチュピチュ

↑主語が明白な場合は省略できる

estar は主語の人称と数によって、次のように不規則活用します。

	単 数		複 数	
一人称	yo（私は）	**estoy** エストイ	nosotros/nosotras（私達は）	**estamos** エスタモス
二人称	tú（君は）	**estás** エスタス	vosotros/vosotras（君達は）	**estáis** エスタイス
三人称	usted（あなたは）	**está** エスタ	ustedes（あなた達は）	**están** エスタン
三人称	él（彼は）	**está** エスタ	ellos（彼らは）	**están** エスタン
三人称	ella（彼女は）	**está** エスタ	ellas（彼女らは）	**están** エスタン

ポイント 誰かがいる/何かがある場所を表す

【estar の活用形 ＋ 前置詞 en（〜に）】のあとに、場所を表す名詞を続けれ ば、どこにいるか・あるかを表します。

PARTE
3

マスターしたい！ 基本フレーズ

La Sagrada Familia **está** en Barcelona.
ラ　　　サグ**ラ**ダ　　　ファミリア　　エス**タ**　エン　　　バルセ**ロ**ナ

= サグラダ・ファミリアはバルセロナにあります。

★「サグラダ・ファミリア」はスペインの有名な
建築家、アントニオ・ガウディが設計した教会。
観光名所になっています。

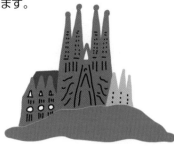

音声
25

 エドゥアルドは美術館にいますか？

¿Eduardo está en el museo?
エドゥ**ア**ルド　　エス**タ**　エン エル　　　**ム**セオ

 いいえ。公園にいます。

No. Está en el parque.
ノ　　　エス**タ**　エン エル　　　バル**ケ**

関連語句

□ レストラン **restaurante** レスタウ**ラ**ンテ	□ バー **bar** バル	□ 市場 **mercado** メル**カ**ド	□ 駅 **estación** エスタシオン
□ カフェ **cafetería** カフェテ**リ**ア	□ ホテル **hotel** オテル	□ スーパー **supermercado** スペルメル**カ**ド	□ 空港 **aeropuerto** アエロプ**エ**ルト

音声
26

駅はあそこにあります。

estarの活用形
↓

ラ エスタシオン **La estación**	エスタ **está**	アジ **allí** .
駅	ある	あそこに

ポイント 位置を示す副詞を加えて

エスタル
estar の活用形のあとに「ここに」「そこに」「あそこに」などの副詞を
置くと、位置を示すバリエーションが広がります。

Estoy aquí. = 私はここにいます。
エストイ　　　アキ

La llave está ahí.
ラ　ジャベ　エスタ　アイ

= 鍵はそこにあります。

関連語句

□ ここに **aquí** アキ	□ あそこに **allí** アジ	□ 遠くに **lejos** レホス	□ 〜の向かいに **enfrente de 〜** エンフレンテ　デ
□ そこに **ahí** アイ	□ 近くに **cerca** セルカ	□ 〜の隣に **al lado de 〜** アル　ラド　デ	□ 〜の後ろに **detrás de 〜** デトラス　デ

estar の活用形のあとに、さまざまな語句を続けて質問してみましょう。

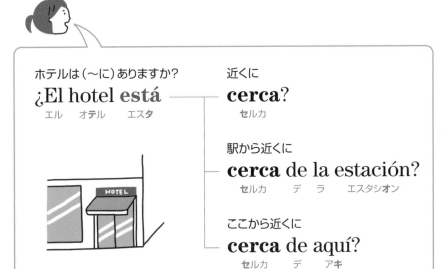

ホテルは (〜に) ありますか?

¿El hotel está
エル　オテル　エスタ

近くに

cerca?
セルカ

駅から近くに

cerca de la estación?
セルカ　　デ　ラ　　エスタシオン

ここから近くに

cerca de aquí?
セルカ　デ　　アキ

はい、(〜に) あります。

Sí, está
シィ　エスタ

とても近くに

muy cerca.
ムイ　　セルカ

※muy は「とても」と
いう意味の副詞。

駅の向かいに

enfrente de la estación.
エンフレンテ　　デ　ラ　　エスタシオン

いいえ、(〜に) あります。

No, está
ノ　　エスタ

少し遠くに

un poco lejos.
ウン　ポコ　レホス

※un poco は
「少し」という意味。

基本の動詞 haber を使って

〜があります。

hay は動詞 haber（ある/いる）の三人称。【hay ＋ 名詞】で「〜がある/〜がいる」という意味になります。

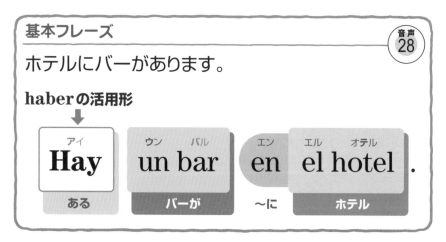

基本フレーズ

音声
28

ホテルにバーがあります。

haberの活用形
↓

Hay	un bar	en el hotel	.
ある	バーが	〜に　ホテル	

アイ　　ウン　バル　　エン　エル　オテル

ポイント 複数でも形が変わらない

複数のものがある場合でも hay の形は変わりません。

Hay unos móviles en la mesa.
アイ　　ウノス　　　モビレス　　エン ラ　　メサ

= テーブルの上に携帯電話がいくつかあります。

※ móvil [モビル]（携帯電話）はスペインの表現。
中南米では celular [セルラル] です。

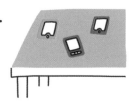

Hay muchas tiendas en esta calle.
アイ　　ムチャス　　　ティエンダス　エン　エスタ　　カジェ

= この通りには店がたくさんあります。

※ mucho [ムチョ]/mucha [ムチャ]（たくさんの）は、後ろにくる名詞の性で使い分け、
複数形は語尾に -s が付きます。

56

PARTE 3

マスターしたい！基本フレーズ

旅先で場所を尋ねるのに便利な「この近くにありますか？」という表現を覚えましょう。

（〜に）市場はありますか？
¿Hay un mercado
アイ　ウン　メル**カ**ド

この近くに
cerca de aquí?
セルカ　デ　ア**キ**

（〜に）地下鉄の駅はありますか？
¿Hay una estación de metro
アイ　ウナ　エスタシオン　デ　**メ**トロ

※このように前置詞 de には「〜の」という意味もあります。

（〜に）薬局はありますか？
¿Hay una farmacia
アイ　ウナ　ファル**マ**シア

はい、あります。
Sí, hay uno.
シィ　**ア**イ　**ウ**ノ

※ uno は男性名詞（mercado）を指す場合。女性名詞（estación/farmacia）なら una になります。

プリンセスホテルの隣にあります。
Está al lado del Hotel Princesa.
エス**タ**　アル　**ラ**ド　デル　オ**テ**ル　プリン**セ**サ

基本の疑問詞 **dónde**を使って

どこ？

「どこ」という意味の疑問詞 dónde（ドンデ）と動詞 estar（エスタル）（いる/ある）を組み合わせた表現。疑問詞を使う疑問文の場合、動詞を主語の前に置く傾向があります。

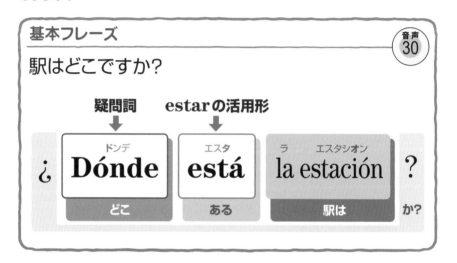

基本フレーズ

音声 30

駅はどこですか？

疑問詞	estarの活用形	
¿	**Dónde**（ドンデ）	**está**（エスタ）

¿ **Dónde**（ドンデ）**está**（エスタ） la estación（ラ エスタシオン）？

| どこ | ある | 駅は | か? |

学習の ポイント　場所を尋ねる

誰かがいる/何かがある場所を尋ねる表現です。

¿Dónde está el señor Ramos?
ドンデ　　　エスタ　エル　セニョル　　ラモス

= ラモスさんはどこにいますか？

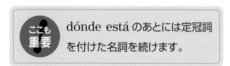

> **ここも重要**　dónde está のあとには定冠詞を付けた名詞を続けます。

58

estar の活用形のあとに、さまざまな語句を続けて質問してみましょう。

（〜は）どこですか？

¿Dónde está
ドンデ　　エスタ

トイレは
el baño?
エル　バニョ

レジは
la caja?
ラ　カハ

チケット売り場は
la taquilla?
ラ　　タキジャ

観光案内所は
la oficina de turismo?
ラ　オフィシナ　デ　トゥリスモ

（〜は）どこですか？

¿Dónde están
ドンデ　　エスタン

 ここも重要　主語が複数形の場合は、動詞も複数形の están になります。

タスマル遺跡は
las ruinas de El Tazumal?
ラス　ルイナス　デ　エル　　タスマル

★「タスマル遺跡」は、エルサルバドルにあるマヤ文明遺跡のひとつです。

イグアスの滝は
las cataratas de Iguazú?
ラス　カタラタス　デ　イグアス

★「イグアスの滝」は、アルゼンチンとブラジルにまたがる世界最大の滝です。

基本の動詞 ir を使って

〜へ行きます。／
〜する予定です。

動詞 ir（イル）は、「行く」という意味ですが、そのままの意味以外に、近い将来の行動も表します。

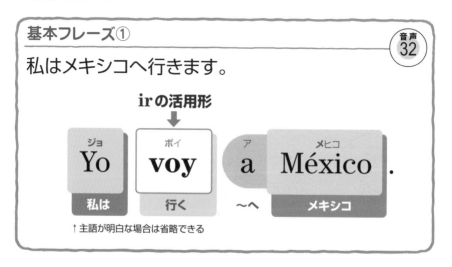

ir は、主語の人称や数によって、次のように不規則活用します。

	単 数		複 数	
一人称	yo（私は）	**voy** ボイ	nosotros/ nosotras （私達は）	**vamos** バモス
二人称	tú（君は）	**vas** バス	vosotros/ vosotras （君達は）	**vais** バイス
三人称	usted （あなたは）	**va** バ	ustedes （あなた達は）	**van** バン
	él（彼は）		ellos （彼らは）	
	ella（彼女は）		ellas （彼女らは）	

学習の ポイント 行き先を伝える

　a（～へ）は方向や場所を示す前置詞。ir の活用形と組み合わせて「～へ行く」という表現になります。

Voy **a** la cafetería.
ボイ　　ア　ラ　　カフェテ**リ**ア

= 私はカフェへ行きます。

Voy **al** museo con Manuel.
ボイ　　アル　　ム**セ**オ　　　コン　　　マ**ヌエ**ル

= 私はマヌエルと美術館へ行きます。

※al は【前置詞 a ＋定冠詞 el〔エル〕】の結合形。前置詞 con は「～と一緒に」という意味です。

疑問詞と組み合わせて ・・・・・・・・・・・・・・・・・・・・・

　【前置詞 a ＋ dónde（どこ）】を使うと、具体的な行き先や予定を尋ねることができます。

¿**A dónde** vas este fin de semana?
ア　　**ド**ンデ　　**バ**ス　**エ**ステ　**フィ**ン　デ　　　セ**マ**ナ

= 君、この週末はどこへ行くの？

関連語句

□ 昨日 ayer アジェル	□ 明日 mañana マニャナ	□ この週末 este fin de semana **エ**ステ **フィ**ン デ　　セ**マ**ナ
□ 今日 hoy オイ	□ 明後日 pasado mañana パサド　　マニャナ	□ この年末 este fin de año **エ**ステ **フィ**ン デ **ア**ニョ

私はスペインへ旅行に行く予定です。

irの活用形＋a＋動詞の原形

ジョ Yo	ボイ　ア　ビアハル **voy a viajar**	ア a	エスパニャ **España** .
私は	旅行する予定だ	～へ	スペイン

↑ 主語が明白な場合は省略できる

学習の ポイント 予定を表す

　動詞 ir の活用形のあとに【前置詞 a ＋動詞の原形】を続けると、「～する予定だ」と近い将来の行動を表します。

Voy a ver flamenco mañana.
ボイ　ア　ベル　　フラメンコ　　　　マニャナ

＝ 私は明日、フラメンコを見る予定です。

カジュアルな誘いの表現

　ir の一人称複数 vamos を使った疑問文は、カジュアルな場面で相手を誘う表現になります。

¿Vamos a ver un
バモス　ア　ベル　ウン
partido de fútbol?
パルティド　デ　フッボル

＝ サッカーの試合を見に行かない？

午後は何をするの?

¿Qué vas a hacer esta tarde?
ケ　バス　ア　アセル　エスタ　タルデ

※ tarde は「午後」という意味です。

7時まで家にいるよ。
そのあと映画館に行くつもり。

Voy a estar en casa hasta las
ボイ　ア　エスタル　エン　カサ　アスタ　ラス

siete.　Luego voy a ir al cine.
シエテ　　　ルエゴ　　ボイ　ア　イル　アル　シネ

※ luego は「それから、そのあとで」という意味。

※ cine は「映画館」、película は「映画作品」のことを指します。

何の映画を見るつもり?

¿Qué película vas a ver?
ケ　　　ペリクラ　　　バス　ア　ベル

ホラー映画だよ。

Una película de terror.
ウナ　　ペリクラ　　デ　テロル

一緒に行ってもいいかしら?

¿Puedo ir contigo?
プエド　イル　コンティゴ

※ contigo は「君と一緒に」という意味。

うん、行こうよ!

Sí, ¡vamos!
シィ　　バモス

関連語句

□ 話す	□ 見る	□ 出かける	□ 食べる
hablar	ver	salir	comer
アブラル	ベル	サリル	コメル
□ 読む	□ 聞く	□ 買う	□ 飲む
leer	oír	comprar	tomar
レエル	オイル	コンプラル	トマル

基本の動詞 tener を使って

〜を持っています。／ 〜しなければなりません。

動詞 tener（テネル）は英語の「have」に相当し、「持つ」という意味ですが、実際にものを所有しているという以外の意味もあります。

基本フレーズ①　　音声 ③⑤

私には兄弟が2人います。

tenerの活用形
↓

Yo（ジョ）	tengo（テンゴ）	dos hermanos（ドス エルマノス）	.
私は	持つ	2人の兄弟を	

↑ 主語が明白な場合は省略できる

---

tener は、主語の人称や数によって、次のように不規則活用します。

		単 数		複 数
一人称	yo（私は）	**tengo** テンゴ	nosotros/ nosotras （私達は）	**tenemos** テネモス
二人称	tú（君は）	**tienes** ティエネス	vosotros/ vosotras （君達は）	**tenéis** テネイス
三人称	usted （あなたは） él（彼は） ella（彼女は）	**tiene** ティエネ	ustedes （あなた達は） ellos （彼らは） ellas （彼女らは）	**tienen** ティエネン

64

tener のさまざまな意味

tener には、何かの所有を表す他、家族や友人がいること、年齢、肉体的・精神的状況（「眠い」「喉が渇いた」など）と、幅広い表現があります。

所有

Ahora **tengo** 20 euros.
アオラ　　　　テンゴ　　ベインテ　エウロス

= 私は今、20ユーロ持っています。

※ahora は「今」という意味です。

存在

Tengo un hijo.
テンゴ　　　ウン　イホ

= 私には息子が1人います。

Tenemos una amiga mexicana.
テネモス　　　ウナ　　アミガ　　　メヒカナ

= 私達にはメキシコ人の女友達が1人います。

年齢

Tengo 30 años.
テンゴ　　トレインタ　アニョス

= 私は30歳です。

Juan **tiene** 28 años.
フアン　　ティエネ　ベインティオチョ アニョス

= フアンは28歳です。

状況

Tengo hambre.
テンゴ　　　アンブレ

= 私はおなかがすいています。

Tenemos sed.
テネモス　　セッ

= 私達は喉が渇いています。

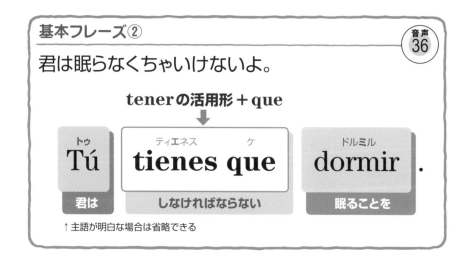

 ポイント 義務を表す

【tener の活用形 + que】のあとに動詞の原形を続けると「～をしなけ
ればならない」という意味になります。

Mañana tenemos que madrugar.

マニャナ　　　　テネモス　　　　　ケ　　　　　マドゥルガル

= 明日、私達は早く起きなければなりません。

※ madrugar は「早起きする」という意味です。

Tengo que llegar a Madrid mañana.

テンゴ　　　　ケ　　　ジェガル　　ア　　　マドリッ　　　　マニャナ

= 私は明日、マドリードに着かなければなりません。

※ llegar は「到着する」という意味です。

tener を一人称複数形または三人称複数形にすると、ルールや習慣などを表します。

Tienen que **devolver** la llave al hotel.
ティエネン　　　ケ　　　デボルベル　　　ラ　ジャベ　アル　オテル

= あなた達はホテルに鍵を返すことになっています。

※devolver は「返す」、llave は「鍵」という意味です。

¿Tenemos que **hacer** cola?
テネモス　　　ケ　　　アセル　　　コラ

= 私達は並ぶことになっていますか？

※cola は「列」。hacer cola で「並ぶ」という意味になります。

否定文にして ・・・・・・・・・・・・・・・・・・・・・・・・・・・・・・・・

否定文では「〜する必要はない」という意味になります。

No tienes que **salir** temprano mañana.
ノ　　ティエネス　　ケ　　サリル　　テンプラノ　　マニャナ

= 君は明日、早く出かける必要はないよ。

※temprano は「早く」という意味です。

No tienes que **comer** todo.
ノ　　ティエネス　　ケ　　コメル　　トド

= 君は、全部食べる必要はないよ。

※todo は「全部」という意味です。

基本の動詞 querer を使って

〜をください。/
〜したいです。

動詞 querer（ケレル）は英語の「want」に相当し、「ほしい」という意味で使われます（他に「好きだ」「愛する」という意味もあります）。

基本フレーズ①　音声 37

コーヒーをください。

quererの活用形

Yo（ジョ）	quiero（キエロ）	un café（ウン カフェ）	.
私は	ほしい	1杯のコーヒーを	

↑主語が明白な場合は省略できる

---

querer は、主語の人称や数によって、次のように不規則活用します。

	単数		複数	
一人称	yo（私は）	**quiero** キエロ	nosotros/nosotras（私達は）	**queremos** ケレモス
二人称	tú（君は）	**quieres** キエレス	vosotros/vosotras（君達は）	**queréis** ケレイス
三人称	usted（あなたは）	**quiere** キエレ	ustedes（あなた達は）	**quieren** キエレン
	él（彼は）		ellos（彼らは）	
	ella（彼女は）		ellas（彼女らは）	

学習の ポイント 注文に便利な表現

レストランやカフェで注文する時などに便利な表現。querer の活用形のあとに【数＋名詞】を続けるだけです。

Quiero un vino tinto. = 赤ワインを1杯ください。
キエロ　　ウン　ビノ　ティント

Quiero una caña. = ビールを1杯ください。
キエロ　　ウナ　　カニャ

※スペインではグラスビールのことを caña と言います。
中南米では cerveza [セルベサ] で、たいていは瓶か缶で
出てきます。

ミニ会話

音声 38

コーヒーか紅茶はいかがですか？
¿Quiere usted café o té?
キエレ　　ウステッ　カフェ　オ　テ

※ o（または）は英語の
「or」に当たります。
A o B と言う時、A の語
末のイントネーションは上
げ、B の語末は下げます。

コーヒーをお願いします。
Quiero café.
キエロ　　カフェ

おかわりはいかがですか？
¿Quiere más?
キエレ　　マス

※ más（もっと）は、この
ように「おかわり」という
意味で使われます。

いいえ、もう結構です、ありがとう。
No, no quiero nada más, gracias.
ノ　ノ　　キエロ　　ナダ　マス　　グラシアス

※ nada más は「それ
以上何も～ない」という
意味です。

基本フレーズ②　音声 39

私はメキシコへ旅行したいです。

quererの活用形

ジョ Yo	キエロ quiero	ビアハル viajar	ア a	メヒコ México
私は	望む	旅行すること	〜へ	メキシコ

↑主語が明白な場合は省略できる

 ポイント したいことを表す

querer は動詞の原形と組み合わせると「〜することを望む」という
意味になります。
（ケレル）

Quiero ver las pirámides.

キエロ　　　　ベル　ラス　　　ピラミデス

= 私はピラミッドが見たいです。

Quiero ir a Buenos Aires.

キエロ　　イル　ア　　ブエノス　　アイレス

= 私はブエノスアイレスへ行きたいです。

Quiero comer comida mexicana.

キエロ　　　コメル　　　　コミダ　　　　メヒカナ

= 私はメキシコ料理が食べたいです。

※【comida（料理、食べ物）＋ mexicana（メキシコの）】で「メキシコ料理」という意味です。

相手を誘う表現

疑問文では、カジュアルな場面で「〜しない？」と相手を誘ったり、「〜したい？」と相手の要望を尋ねたりする表現になります。

¿Quieres venir conmigo
キエレス　　　ベニル　　　コンミゴ

a la fiesta?
ア　ラ　フィエスタ

＝ 君、僕と一緒にパーティーに行かない？

※ conmigo は「私と一緒に」という意味です。

メキシコ料理を試してみる？

¿Quieres probar la comida
キエレス　　　プロバル　　ラ　　コミダ

mexicana?
メヒ**カ**ナ

ええ、すごくいいですね。

Sí, estupendo.
シィ　　エスト**ゥ**ペンド

※ estupendo は「素晴らしい」というニュアンスの形容詞です。

今晩はどう？

¿Qué te parece esta noche?
ケ　テ　　パレセ　　エスタ　　ノチェ

ええ、行きましょう！

Sí, ¡vamos!
シィ　　　バモス

※ qué te parece〜を直訳すると「君には〜はどう見えるか」。相手の判断をうながす表現です。usted（あなた）の場合は、te を le にします。

おさらい練習問題

① 動詞 ser、estar、tener のいずれかを適切な形にして、空欄に入れてください。

1. Yo [_____] profesora.

   = 私は（女性）教師です。

2. Andrés [_____] de Buenos Aires.

   = アンドレスはブエノスアイレス出身です。

3. Yo [_____] en el museo.

   = 私は美術館にいます。

4. El hotel [_____] aquí.

   = ホテルはここです。

5. Yo [_____] tres hermanos.

   = 私には兄弟が3人います。

② 点線内の単語を使って日本語と一致する文を作り、
空欄に記入してください。

1.
> cafés / dos / quiero

↓

= コーヒーを2つください。

2.
> la / está / embajada de Japón / dónde

↓

= 日本大使館はどこですか？ ※文の前後を「¿」「?」でくくるのを忘れずに。

3.
> mañana / a / vamos / flamenco / ver

↓

= 私達は明日、フラメンコを見る予定です。

正解：① 1. soy 2. es 3. estoy 4. está 5. tengo
② 1. Quiero dos cafés. 2. ¿Dónde está la embajada de Japón?
3. Vamos a ver flamenco mañana.

基本の疑問詞 qué を使って

何?

qué は「何」という意味の疑問詞です。動詞と組み合わせた疑問文で、さまざまな質問フレーズを作ることができます。

基本フレーズ

音声 41

あなたは何がほしいですか?

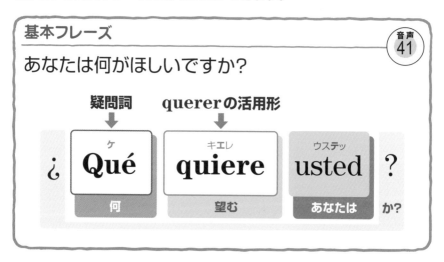

疑問詞 → ケ **Qué** 何

quererの活用形 → キエレ **quiere** 望む

ウステッ **usted** あなたは

? か?

学習の ポイント いろいろな動詞と組み合わせて

疑問詞 qué にいろいろな動詞の活用形を組み合わせると、質問のバリエーションが広がります。

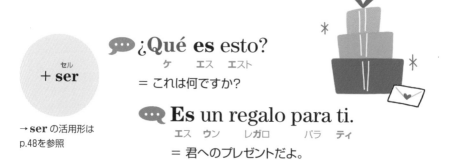

セル **+ ser**

→ ser の活用形は p.48を参照

💬 ¿**Qué es** esto?
ケ エス エスト
= これは何ですか?

💬 **Es** un regalo para ti.
エス ウン レガロ パラ ティ
= 君へのプレゼントだよ。

＋ その他の動詞

¿**Qué pasa?** = どうしましたか？
ケ　　　　パサ

¿**Qué hay?** = 君、変わりない？
ケ　　　アイ

※直訳すると「何か（変わったことが）ありますか？」。親しい間柄で相手の様子を尋ねる慣用表現です。

＋ querer
ケレル
＋ 動詞の原形

¿**Qué quieres** tomar? = 君は何を飲みたい？
ケ　　　　キエレス　　　　トマル

¿**Qué quieres** comer? = 君は何を食べたい？
ケ　　　　キエレス　　　　コメル

→ querer の活用形はp.68を参照

※querer（望む）と同じ意味の desear［デセアル］という動詞もありますが、より丁寧な表現なので、レストランなどで接客する側が使います。

＋ ir a
イル
＋ 動詞の原形

¿**Qué vas a hacer** la próxima
ケ　　バス　ア　アセル　ラ　　プロクシマ

semana?
セマナ

= 君は来週、何をするつもり？

→ ir の活用形はp.60を参照

いろいろな名詞と組み合わせて

　qué は後ろに名詞を置くと、「何の、どんな」という意味の疑問形容詞になります。

¿**Qué idea** tienes?
ケ　　イデア　　ティエネス

= 君は**どんな考え**を持っているの？

¿**Qué partido** vas a ver?
ケ　　　パルティド　　バス　ア　ベル

= 君は**何の試合**を見るつもり？

〜してもいいですか?

動詞 poder（ポデル）は英語の「can」に相当し、「〜できる」という意味です。疑問文で許可を求めたり、何かを依頼したりする表現になります。

基本フレーズ

音声
42

（部屋などに）入ってもいいですか?

poderの活用形（一人称）

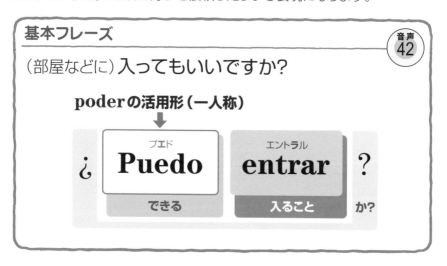

¿	プエド **Puedo**	エントラル **entrar**	?
	できる	入ること	か?

---

poder は、主語の人称や数によって、以下のように不規則活用します。

		単数			複数
一人称	yo（私は）	**puedo** プエド	nosotros/ nosotras （私達は）		**podemos** ポデモス
二人称	tú（君は）	**puedes** プエデス	vosotros/ vosotras （君達は）		**podéis** ポデイス
三人称	usted （あなたは）	**puede** プエデ	ustedes （あなた達は）		**pueden** プエデン
	él（彼は）		ellos （彼らは）		
	ella（彼女は）		ellas （彼女らは）		

ポイント 許可を求める

【poder の一人称活用形＋動詞の原形】で、自分（自分達）が何かをしてもいいかどうか、許可を求める表現になります。

¿**Puedo usar** el móvil aquí?

プエド　　　ウサル　エル　モビル　　アキ

= ここで携帯電話を使ってもいいですか？

※「携帯電話」は中南米では celular[セルラル]です。

¿**Podemos fumar** aquí?

ポデモス　　　　フマル　　　アキ

= 私達、ここでたばこを吸ってもいいですか？

※fumar は「たばこを吸う」という意味です。

何かをお願いする場合 ･･････････････････

【poder の二人称または三人称活用形＋動詞の原形】で、相手にしてもらいたいことをお願いする表現になります。

¿**Puede repetir**, por favor?

プエデ　　　　レペ**ティ**ル　　ポル　　ファ**ボ**ル

= あなた、繰り返してもらえますか？

※repetir は「繰り返す」という意味です。

¿**Puedes ayudarme**, por favor?

プ**エ**デス　　　　アジュ**ダ**ルメ　　　　ポル　　ファ**ボ**ル

= 君、手伝ってもらえますか？

※【ayudar[アジュダル]（手伝う）＋me[メ]
（私を）】で、「私を手伝う」という意味です。
このように文末に por favor を置くと、
より丁寧な依頼の表現になります。

～が好きです。

「私は～が好きだ」という日本語は、スペイン語では「～が私に気に入られる」と表現します。この場合、動詞 gustar（～が気に入る）を使います。

基本フレーズ

私はワインが好きです。

gustarの活用形（三人称のみ）

メ **Me** 私に ← 意味上の主語

グスタ **gusta** ～が気に入る

エル ビノ **el vino** . ワイン ← 文法上の主語

ポイント 意味上の主語と文法上の主語

「私はワインが好きです」という場合、意味上の主語は「私」ですが、文法上の主語は「ワイン」で、「ワインが私に気に入られる」という表現になります。意味上の主語は人称によって次のように変化します。

私に	me メ	私達に	nos ノス
君に	te テ	君達に	os オス
あなたに、彼に、彼女に	le レ	あなた達に、彼らに、彼女らに	les レス

学習の ポイント | 使うのは三人称の活用形だけ

gustar は規則活用動詞（語尾変化パターンはp.24を参照）ですが、「～が好きだ」と言う場合は、三人称の活用形だけ覚えればOKです。

意味上の主語にかかわらず、文法上の主語（好きな物事）が単数の場合は単数形の gusta を、複数の場合は複数形の gustan を使います。

単数形
gusta

Me **gusta Japón.**
メ　　　グスタ　　　ハポン
= 私は日本が好きです。

Nos **gusta el fútbol.**
ノス　　　グスタ　　エル　　フッボル
= 私達はサッカーが好きです。

複数形
gustan

Me **gustan los dulces.**
メ　　グスタン　　ロス　　ドゥルセス
= 私は甘いものが好きです。

¿Te **gustan los deportes**?
テ　　　グスタン　　　ロス　　　デポルテス
= 君はスポーツが好きですか？

基本の動詞 hacer を使って

（天候が）〜ですね。

動詞 hacer (アセル) の意味は本来「作る」「（〜を）する」ですが、「（天候が）〜だ」という意味でも使われます。

基本フレーズ 音声 44

今日は暑いですね。

hacerの活用形

Hoy (オイ)	hace (アセ)	calor (カロル)
今日は	（天候が）〜だ	暑い

---

hacer は、主語の人称や数によって、次のように不規則活用します。

	単 数		複 数	
一人称	yo（私は）	**hago** アゴ	nosotros/nosotras（私達は）	**hacemos** アセモス
二人称	tú（君は）	**haces** アセス	vosotros/vosotras（君達は）	**hacéis** アセイス
三人称	usted（あなたは） él（彼は） ella（彼女は）	**hace** アセ	ustedes（あなた達は） ellos（彼らは） ellas（彼女らは）	**hacen** アセン

80

 天候を表す

天候表現には三人称単数形の hace だけが使われます。

Hace mucho calor. = とても暑いですね。
アセ　　　　ムチョ　　　　カロル

Hace mucho frío. = とても寒いですね。
アセ　　　　ムチョ　　　　フリオ

💬 **¿Qué tiempo hace hoy en Madrid?**
ケ　　　ティエンポ　　アセ　　オイ　　エン　　　マドリッ

= マドリードでは、今日どんな天気ですか?

※【qué(何)+ tiempo(天気)】で「どんな天気」という意味です。

💬 **Hace buen tiempo.** = よい天気です。
アセ　　　ブエン　　　ティエンポ

雨や雪の場合・・・・・・・・・・・・・・・・・・・・・

雨や雪の場合は、hace は使いません。llover (雨が降る)、nevar (雪が降る)という動詞を使います。

Llueve mucho hoy.
ジュエベ　　　ムチョ　　オイ

= 今日はよく(雨が)降りますね。

¿Nieva en Tokio?
ニエバ　　エン　　　トキオ

= 東京では雪が降りますか?

関連語句

□ 日ざしのある	□ 風のある	□ 天気のよい	□ 天気の悪い
sol	viento	buen tiempo	mal tiempo
ソル	ビエント	ブエン　ティエンポ	マル　ティエンポ

基本の動詞 ser を使って

（時・分）です。

時刻は動詞 ser（セル）（p.48参照）の三人称で表します。ser の活用形のあとには時刻を表す数を続けるだけです。この場合「時（hora）（オラ）」「分（minuto）（ミヌト）」などの単語は省略されます。

基本フレーズ　　　　　　　　　　　　　　音声 45

1時10分です。

serの活用形
↓

Es（エス）	la una（ラ ウナ）	y（イ）	diez（ディエス）	.
〜である	1（時）	〜と	10（分）	

ポイント（学習の）　時刻を尋ねる/答える

1時と1時台だけ単数形の es を、それ以外は複数形の son（ソン）を使います。時刻を尋ねる場合は単数形です。

💬 ¿Qué hora es? = 何時ですか？
　　　ケ　オラ　エス

💬 Son las dos.
　　　ソン　ラス　ドス
　　= 2時です。

 ここも重要　「〜時」と言う場合、数の前に必ず定冠詞 la/las（hora にかかるので女性形）が必要です。

※2時以降は動詞、冠詞ともに複数形になります。

～時～分

Son las dos y veinte. = 2時20分です。
ソン　ラス　ドス　イ　ベインテ

※英語の「and」に当たる接続詞 y で「時」と「分」をつなぎます。

Ya son las cinco y diez.
ジャ　ソン　ラス　シンコ　イ　ディエス

= もう5時10分です。　※ya は「もう」という意味です。

～時～分前

Es la una menos cinco. = 1時5分前です。
エス　ラ　ウナ　メノス　シンコ

※menos は「より少ない」という意味です。
※スペインでは「～分前」に menos を使いますが、
中南米では para（～に向けて）を使います。

Son cinco para la una.
ソン　シンコ　パラ　ラ　ウナ

= 1時5分前（1時まであと5分）です。

Son las dos menos veinte.
ソン　ラス　ドス　メノス　ベインテ

= 2時20分前です。

関連語句

□ 時間	□ 2時間	□ まだ
hora	dos horas	todavía
オラ	ドス　オラス	トダビア
□ 分	□ 2分	□ 正午
minuto	dos minutos	mediodía
ミヌト	ドス　ミヌトス	メディオディア
□ 秒	□ 2秒	□ 真夜中
segundo	dos segundos	medianoche
セグンド	ドス　セグンドス	メディアノチェ

「15分」と「30分」は「4分の1」「半分」という意味の cuarto、media
を使って表します。

15分

Son las tres y cuarto.
ソン　ラス　トレス　イ　　クアルト
= 3時15分です。

Son las tres menos cuarto.
ソン　ラス　トレス　　メノス　　　クアルト
= 3時15分前です。

※中南米では「〜分前」に menos ではなく para を使います。

Es un cuarto para las tres.
エス　ウン　　クアルト　　パラ　ラス　トレス
= 3時15分前（3時まであと15分）です。

30分

Es la una y media. = 1時30分です。
エス　ラ　ウナ　イ　　メディア

Son las cinco y media.
ソン　ラス　シンコ　イ　　メディア
= 5時30分です。

ポイント 「午前」や「午後」の表し方

「午前」「午後」などを区別して表すには、【時刻を表す数 ＋ 前置詞 de（デ）（〜の）】のあとに、la mañana（朝、午前）などを置きます。

PARTE 3

Son las siete de **la mañana.** = 午前7時です。
ソン　ラス　シエテ　デ　ラ　マニャナ

Son las cuatro de **la tarde.** = 午後4時です。
ソン　ラス　クアトロ　デ　ラ　タルデ

Son las once de **la noche.** = 夜の11時です。
ソン　ラス　オンセ　デ　ラ　ノチェ

マスターしたい！ 基本フレーズ

時を告げるバリエーション 音声 47

何かの時間を知らせる表現を見てみましょう。de のあとには動詞の原形を続けます。

（〜する）時間です。	昼食を摂る	※comer（食べる）は目的語なしで「食事をする」という意味。通常は昼食を指します。「朝食を摂る」なら desayunar [デサジュナル]、「夕食を摂る」なら cenar [セナル] です。

Es la hora de ── **comer.**
エス　ラ　オラ　デ　　　コメル

（ここから）立ち去る

── **irme.**　　※ irme は自分がその場から立ち去る
イルメ　　　　る場合。「君」なら irte [イルテ]、「彼、
彼女」なら irse [イルセ] になります。

眠るのに（ここから）立ち去る

── **irme a dormir.**
イルメ　ア　ドルミル

85

何時？

【qué（何）＋ hora（時）】を使った疑問文で、時刻を尋ねる表現です。

基本フレーズ　音声 48

飛行機は何時に出発しますか？

疑問詞

¿	ア A	ケ qué	オラ hora	サレ sale	エル アビオン el avión	?
	～に	何	時	出発する	飛行機は	か?

学習の ポイント さまざまな時刻を尋ねる

qué hora の前に前置詞 a を置いた疑問文で「何時に？」と尋ねる表現です。a の代わりに desde（～から）を使うと「何時から？」、hasta（～まで）を使うと「何時まで？」になります。

何時に？

¿**A qué hora** abre la tienda?
ア　ケ　オラ　**ア**ブレ　ラ　ティ**エ**ンダ
＝ お店は何時に開きますか？

¿**A qué hora** cierra el almacén?
ア　ケ　オラ　シ**エ**ラ　エル　アル**マ**セン
＝ デパートは何時に閉まりますか？

※cierra は cerrar［セラル］（閉まる）の三人称単数の活用形です。

何時から？

💬 **¿Desde qué hora** puedo hacer
デスデ　　ケ　　オラ　　プエド　　アセル

check in?
チェック　　イン

＝ チェックインは何時からできますか？

💬 **Desde** las once.
デスデ　　ラス　　オンセ

＝ 11時からです。

何時まで？

💬 **¿Hasta qué hora** estás aquí?
アスタ　　ケ　　オラ　　エスタス　　アキ

＝ 君は何時までここにいるの？

💬 **Hasta** la una y media.
アスタ　　ラ　　ウナ　　イ　　メディア

＝ 1時半までだよ。

〜から〜まで

desde と hasta を組み合わせた例も見てみましょう。

El partido es **desde** las siete
エル　　パル**ティド**　　**エス**　　デスデ　　ラス　　シ**エ**テ

hasta las diez.
アスタ　　ラス　　ディ**エ**ス

＝ 試合は（夜）7時から10時までです。

※ partido は「試合」という意味です。

desde を de に、hasta を a に置き換えて言うこともできます。その場合は定冠詞が不要です。

El partido es **de** siete **a** diez.
エル　　パル**ティド**　　**エス**　　デ　　シ**エ**テ　　ア　　ディ**エ**ス

（曜日・日付）です。

曜日や日付は動詞 ser（セル）（p.48参照）を使って表します。

基本フレーズ 音声 49

今日は月曜日です。

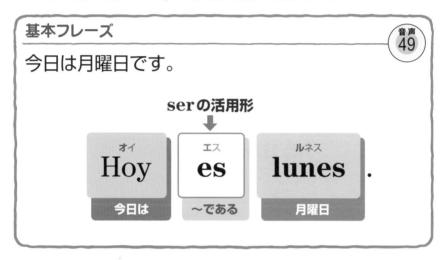

ser の活用形

Hoy（オイ）	**es**（エス）	lunes（ルネス）
今日は	～である	月曜日

学習の ポイント 曜日や日付を表す

ser の活用形のあとに曜日や日付を続けます。曜日や日付を尋ねるやりとりを見てみましょう。

曜日

💬**¿Qué día es hoy?** = 今日は何曜日ですか？
ケ　ディア　エス　オイ

※ día は「日、1日」という意味ですが、疑問詞 qué とセットで曜日を尋ねる表現になります。

💬**Hoy es martes.**
オイ　エス　マルテス

= 今日は火曜日です。

日付

💬 ¿Qué fecha es hoy? = 今日は何日ですか？
ケ　フェチャ　エス　オイ

💬 Hoy es **8 de junio**.
オイ　エス　オチョ　デ　フニオ
= 今日は6月8日です。

PARTE
3

ここも
重要 【日＋de＋月】
と表します。

マスターしたい！基本フレーズ

※「今日は〜」と言う時は無冠詞ですが、それ以外には定冠詞 el を付けます。

💬 ¿Cuándo es tu cumpleaños?
クアンド　エス　トゥ　クンプレアニョス
= 君の誕生日はいつ？

💬 Es el 20 de marzo. = 3月20日です。
エス　エル　ベインテ　デ　マルソ

※ el と 20 の間には día（日）が省略されています。

曜日と日付を一緒に言う場合

Hoy es martes, 3 de mayo.
オイ　エス　マルテス　トレス　デ　マジョ
= 今日は5月3日火曜日です。

ここも
重要 曜日のあとに日付を続けます。

関連語句

□ 月曜日 lunes ルネス	□ 金曜日 viernes ビエルネス	□ 1月 enero エネロ	□ 5月 mayo マジョ	□ 9月 septiembre セプティエンブレ
□ 火曜日 martes マルテス	□ 土曜日 sábado サバド	□ 2月 febrero フェブレロ	□ 6月 junio フニオ	□ 10月 octubre オクトゥブレ
□ 水曜日 miércoles ミエルコレス	□ 日曜日 domingo ドミンゴ	□ 3月 marzo マルソ	□ 7月 julio フリオ	□ 11月 noviembre ノビエンブレ
□ 木曜日 jueves フエベス		□ 4月 abril アブリル	□ 8月 agosto アゴスト	□ 12月 diciembre ディシエンブレ

基本の疑問詞 quién を使って

誰?

キエン
quién は「誰」という意味の疑問詞です。

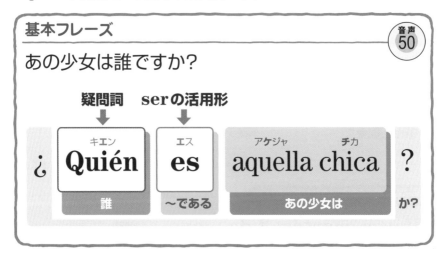

基本フレーズ　　　　　　　　　　　　　　　　　　　　　音声 50

あの少女は誰ですか?

疑問詞	serの活用形		
¿	キエン **Quién**	エス **es**	アケジャ　　チカ aquella chica ?
	誰	～である	あの少女は　　　か?

学習の ポイント 人のことを尋ねる

　　　　　　セル
　動詞 ser と組み合わせた疑問文で「～は誰ですか?」と尋ねることができます。家族写真を見ながら誰かを尋ねるやりとりを見てみましょう。

💬 **¿Quién es** este chico?
　　キエン　　エス　　エステ　　チコ
= この少年は誰ですか?

💬 **Es** mi hermano menor Pedro.
　　エス　ミ　　エルマノ　　メノル　　ペドロ
＝私の弟のペドロです。

※ hermano（兄弟）のあとに menor（より小さい）を続けて「弟」を表します。
「兄」の場合は mayor［マジョル］（より大きい）を使います。

90

他の動詞と組み合わせて ● ● ● ● ● ● ● ● ● ● ● ● ● ● ● ●

ser 以外の動詞を quién と組み合わせてみましょう。

¿**Quién está** en la habitación?

キ**エン**　　エス**タ**　エン ラ　　アビタシ**オ**ン

＝ 誰が部屋にいるの？

¿**Quién va** a conducir el coche?

キ**エン**　　**バ** ア　　コンドゥ**シ**ル　エル　**コ**チェ

＝ 誰が車を運転するの？

関連語句

□ 父親	□ 夫（スペイン/中南米）	□ 祖父/祖母
padre	marido/esposo	abuelo 男/abuela 女
パドレ	マリド　　エスポソ	アブ**エ**ロ　　　アブ**エ**ラ
□ 母親	□ 妻（スペイン/中南米）	□ 兄弟/姉妹
madre	mujer/esposa	hermano 男/hermana 女
マドレ	ム**ヘ**ル　　エス**ポ**サ	エル**マ**ノ　　　　エル**マ**ナ
□ 両親	□ 息子/娘	□ いとこ
padres	hijo 男/hija 女	primo 男/prima 女
パドレス	**イ**ホ　　**イ**ハ	プ**リ**モ　　　プ**リ**マ

基本の疑問詞 **cómo** を使って

どのような？

cómo は「どのような」という意味の疑問詞です。動詞と組み合わせた疑問文で、状態や性質、方法などを尋ねる表現になります。

基本フレーズ

音声 51

メキシコ料理はどんな料理ですか？

疑問詞　serの活用形

¿ **Cómo** **es** la comida mexicana ?

コモ　　　エス　　　ラ　コミダ　メヒカナ

どのような　〜である　　　メキシコ料理は　　　か？

ポイント　いろいろな動詞と組み合わせて

疑問詞 cómo にいろいろな動詞の活用形を組み合わせると、質問のバリエーションが広がります。

+ ser

セル

→ 活用形は
p.48を参照

💬**¿Cómo es** Teotihuacán?

コモ　　エス　　テオティワカン

= テオティワカンはどんな所ですか？

★「神々の都市」という意味の「テオティワカン」は、メキシコにある巨大な都市遺跡です。

💬**Es** maravilloso.

エス　　　マラビジョソ

= とても素晴らしいです。

+ estar
エスタル
→活用形は
p.52を参照

💬 ¿**Cómo está** la sopa?
コモ　　エスタ　ラ　ソパ

= スープはどうですか？

💬 **Está** muy buena. = すごくおいしいよ。
エスタ　ムイ　ブエナ

+ hacer
アセル
→活用形は
p.80を参照

💬 ¿**Cómo haces** la tortilla?
コモ　　アセス　ラ　トルティジャ

= 君はスペイン風オムレツをどうやって作るの？

💬 La **hago** con patata y cebolla.
ラ　アゴ　コン　パタタ　イ　セボジャ

= じゃがいもと玉ねぎで作るよ。

※質問文の tortilla（女性形）を受けて、la（それを）で答えます。
patata は「じゃがいも」（中南米では papa [パパ]）、cebolla は
「玉ねぎ」です。

+ ir
イル
→活用形は
p.60を参照

💬 ¿**Cómo vas** a Málaga?
コモ　　バス　ア　マラガ

= 君はマラガへどうやって行くの？

💬 **Voy** en coche con mi familia.
ボイ　エン　コチェ　コン　ミ　ファミリア

= 家族と車で行くよ。

名前を尋ねる

　cómo のあとに「～という名前である」という意味の動詞 llamarse の
ジャマルセ
活用形を続けると、相手の名前を尋ねることができます。

¿**Cómo te llamas**? = 君は何という名前？
コモ　テ　ジャマス

※llamarse は、「私」の名前なら me llamo [メ ジャモ] に、「あなた」の名前なら se llama [セ ジャ
マ] に変化します。

〜（の状態）です。

エスタル
estar は人やものが「いる/ある」ことを表す動詞（p.52参照）ですが、人やものの状態を表すこともできます。

基本フレーズ　音声 52

私は調子がいいです。

estarの活用形

ジョ Yo	エストイ **estoy**	ビエン bien
私は	〜の状態である	よい

↑ 主語が明白な場合は省略できる

学習の ポイント　一時的な状態を表す

estar はその時点での一時的な状態を表します。

Estoy muy bien. = 私はとてもいい調子です。
エストイ　　ムイ　　ビエン

Estamos muy cansados.
エスタモス　　　ムイ　　　カンサドス
= 私達はとてもくたびれています。

Estoy un poco triste. = 私はちょっと悲しいです。
エストイ　　ウン　　ポコ　　トリステ

※muy（とても）と un poco（少し）を使って、ニュアンスを加えた表現です。

普遍的な性質や状態を表す ・・・・・・・・・・・・・・・・・・・・・・・・・

動詞 estar の他、ser（セル）も状態を表しますが、意味合いは異なります。
estar がその時点での一時的な状態を表すのに対し、ser はずっと変わら
ない普遍的な性質や状態を表します。

 ¿Cómo es la casa? ＝ その家はどんなふうですか？
コモ　　エス　ラ　　カサ

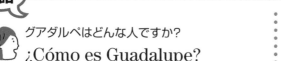 **Es** pequeña y **está** muy limpia.
エス　　ペケニャ　イ　エスタ　ムイ　　リンピア
＝小さくて掃除がいきとどいています。

※ser pequeña は「（普遍的に）小さい」、
estar limpia は「（その時点で）掃除して
あって清潔だ」という意味です。

 ミニ会話

音声
53

グアダルペはどんな人ですか？
¿Cómo es Guadalupe?
コモ　　エス　　　グアダルペ

背が高く、黒髪です。
Es alta y de pelo negro.
エス　アルタ　イ　デ　　ペロ　　ネグロ

※普遍的な性質を ser
で表しています。

ペペはどんな状態ですか？
¿Cómo está Pepe?
コモ　　エスタ　　ペペ

試験があるのでいらいらしています。
Está nervioso porque tiene
エスタ　ネルビオソ　　ボルケ　　ティエネ

un examen.
ウン　　エクサメン

※estar nervioso は
「（その時点で）緊張して
いる」という意味です。

① 動詞 ser を適切な形にして、空欄に入れてください。

1. ☐ las diez de la mañana.

= 午前10時です。

2. ☐ la una y media de la tarde.

= 午後1時半です。

3. Hoy ☐ viernes.

= 今日は金曜日です。

② 日本語訳と一致するスペイン語の文を線で結びましょう。

何時ですか? •　　　　　• ¿Cómo te llamas?

その少女は誰ですか? •　　　• ¿Qué día es hoy?

君は何という名前? •　　　　• ¿Qué hora es?

今日は何曜日ですか? •　　　• ¿Quién es esa chica?

君の誕生日はいつ? •　　　　• ¿Cómo está ella?

彼女の様子はどうですか? •　　• ¿Cuándo es tu cumpleaños?

③ 点線内の単語を使って日本語と一致する文を作り、空欄に入れて
ください。

1.
> de / es / agosto / martes / 3 / hoy

↓

= 今日は8月3日火曜日です。

2.
> tinto / el / vino / gusta / me

↓

= 私は赤ワインが好きです。

3.
> los / gustan / no / deportes / me

↓

= 私はスポーツが好きじゃありません。

正解： ① 1. Son 2. Es 3. es ② 何時ですか？＝¿Qué hora es?／その少女は誰ですか？＝
¿Quién es esa chica?／君は何という名前？＝¿Cómo te llamas?／
今日は何曜日ですか？＝¿Qué día es hoy?／君の誕生日はいつ？＝
¿Cuándo es tu cumpleaños?／彼女の様子はどうですか？＝¿Cómo está ella?
③ 1. Hoy es martes, 3 de agosto. 2. Me gusta el vino tinto.
3. No me gustan los deportes.

¿Lo sabías? 豆知識 フラメンコの楽しみ方

　スペインにはフラメンコが楽しめる「タブラオ（tablao）」というレストラン・バーがあります。「板を敷いた」という意味の tablado [タブラド] がなまったもので、その名のとおり板敷きの舞台でショーが行われます。フラメンコの本場アンダルシア州の大都市にはもちろん、マドリードやバルセロナにもあります。

　タブラオの料金はドリンク付きと食事付きの2種類。1回目のショーが始まるのは早くても午後9時頃なので、近くのバルで軽く腹ごしらえしてから、ドリンク付きの料金で入店するのがお得です。

　「フラメンコ＝踊り」と思われるかもしれませんが、歌とギター（伴奏）も重要な要素です。それらが三位一体となって初めてフラメンコが完成します。さらに手拍子とかけ声が加われば、フラメンコらしさがいちだんと増します。

　観光客の多い1回目のショーでは華々しい踊りが繰り広げられます。見ている側もつい手拍子をしたくなりますが、そこはぐっとこらえましょう。手拍子は踊り手にとって命ともいえるリズムを刻んでいるので、素人が参加してはいけません。「いいぞ！」という意味の ¡Ole! [オレ] や ¡Muy bien! [ムイ ビエン] などのかけ声は、タイミングを見計らって。

　夜中を過ぎると、いよいよ真打ち登場。通好みの渋いフラメンコタイムが始まります。この時間帯には、客とアーティストとのやりとりで演奏曲が決まったりします。

PARTE 4

旅先で使える!
場面別フレーズ

ホテルやショップ、レストランなどでよく
使うフレーズを場面ごとにまとめました。
ここまでで覚えた文型も、よりピンポイン
トな表現で紹介しています。
フレーズの一部を別の語句に入れ替えれ
ば、表現のバリエーションが広がります。

機内で
En el avión
エン　エル　アビオン

---

① この座席は〜ですか?

入れ替え**( )**

¿**Es el asiento** 20 B ?
エス　エル　　アシエント　　　ベインテ　ベ

= この座席は**20B**ですか?

---

② 〜を持ってきてもらえますか?

入れ替え**( )**

¿**Puede traerme** agua ,
プエデ　　トラエルメ　　アグア

por favor?
ボル　　ファボル

= **水**を持ってきてもらえますか?

---

③ 〜するにはどうすればいいですか?

¿Cómo **se hace** para
コモ　　セ　アセ　　バラ

入れ替え**( )**

ver la película ?
ベル　ラ　　ベリクラ

= **映画を見る**にはどうすればいいですか?

1 ポイント ☞ 座席の確認は ser（セル）で

【es + el asiento（座席）】を使った疑問文。座席番号の他、搭乗券を見せながら言えば、座席の種類も確認できます。

() 入れ替え語句

● 窓側の
de la ventana
デ　ラ　　ベンタナ

● 通路側の
del pasillo
デル　　パシジョ
※del は前置詞 de（〜の）と定冠詞 el の結合形です。

2 ポイント ☞ poder（ポデル）を使った依頼表現

何かを持ってきてもらいたい時は、【puede + traerme（私に持ってくる）】という依頼表現（p.77参照）を使います。

() 入れ替え語句

● 何か食べ物
algo de comer
アルゴ　デ　コメル

● 何か飲み物
algo de beber
アルゴ　デ　ベベル

● 毛布をもう1枚
otra manta
オトラ　　マンタ

3 ポイント ☞ se を使った無人称表現

疑問詞 cómo（どのように）を使った疑問文。【se + hace（動詞 hacer（アセル）の三人称単数）】は、「（自分を含めた不特定多数の人が）〜する」という意味の無人称表現になります。

() 入れ替え語句

● 電気をつける
encender la luz
エンセンデル　　ラ　ルス

● 日本語（の音声）にする
cambiar al japonés
カンビアル　アル　ハポネス

※al は前置詞 a（〜へ）と定冠詞 el の結合形です。

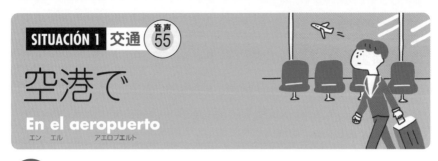

空港で

En el aeropuerto
エン　エル　　　アエロプエルト

---

① 〜の席に変更したいのですが。

Quiero cambiar al asiento
キエロ　　　　　　　　カンビアル　　　アル　　　アシエント

de la ventana.
デ　ラ　　　　ベンタナ

= **窓側の**席に変更したいのですが。

※ al は前置詞 a（〜へ）と定冠詞 el の結合形です。

---

② 〜が見つからないのですが。

入れ替え**( )**

No **encuentro** **mi maleta** .
ノ　　　　エンクエントロ　　　　　　ミ　　　　マレタ

= **私のスーツケース**が見つからないのですが。

---

③ 〜はどこですか?

入れ替え**( )**

¿Dónde está Información ?
ドンデ　　エスタ　　　　　　インフォルマシオン

= **案内所**はどこですか?

1 ポイント☞ 要望を伝える【querer ＋ 動詞の原形】
ケレル

【quiero（私は望む）＋ cambiar（変更すること）】で「（私は）変更することを望む」という意味になります。

2 ポイント☞「見つからない」は encontrar の否定形
エンコントラル

encuentro（私は見つける）の前に否定の no を置いた表現です。

◯◯ 入れ替え語句

● 私のパスポート
mi pasaporte
ミ　　　　パサポルテ

● 私の搭乗券
mi tarjeta de embarque
ミ　　タルヘタ　　デ　　　エンバルケ

※【tarjeta（カード）＋ de embarque（搭乗の）】はスペインの表現。中南米では【boleto［ボレト］（切符）＋ de avión［デ アビオン］（飛行機の）】が使われます。

3 ポイント☞ 場所を尋ねる ¿Dónde está～?

【dónde（どこ）＋ está（ある）】を使い、場所を尋ねる疑問文です。

◯◯ 入れ替え語句

● 荷物受取所
la zona de recogida de maletas
ラ　ソナ　デ　　レコヒダ　　デ　　マレタス

● 免税品店
la tienda libre de impuestos
ラ　ティエンダ　リブレ　デ　　インプエストス

● レストランエリア
el área de restaurantes
エル アレア　　デ　　レスタウランテス

※通常、女性名詞に付く定冠詞は la ですが、a や ha で始まる名詞の語頭にアクセントがある場合、la は el に変わります。

タクシー/バスで

En el taxi/autobús
エン　エル　**タクシ**　　アウト**ブス**

---

① ～（に）行きたいのですが。

入れ替え**( )**

Quiero ir | al Hotel Plaza |.
キ**エ**ロ　　イル　　アル　　オテル　　**プ**ラサ

= **プラザホテル**に行きたいのですが。

※ al は前置詞 a（～へ）と定冠詞 el の結合形です。

---

② ～までいくらですか?

¿Cuánto cuesta hasta
ク**ア**ント　　　ク**エ**スタ　　　アスタ

入れ替え**( )**

| el aeropuerto | ?
エル　　　アエロプ**エ**ルト

= **空港**までいくらですか?

関連語句

□ タクシー乗り場 　parada de taxi 　パラダ　デ　**タ**クシ	□ 空車 　libre 　**リ**ブレ	□ メーター 　taxímetro 　タク**シ**メトロ
□ バス乗り場 　parada de autobús 　パラダ　デ　アウト**ブ**ス	□ 満車 　ocupado 　オク**パ**ド	□ 切符（スペイン/中南米） 　billete/boleto 　ビ**ジェ**テ　ボ**レ**ト

1 ポイント 【querer + ir】で行き先を伝える

ケレル

【quiero（私は望む）＋ ir（行くこと）】で「（私は）行くことを望む」という意味になり、【a ＋ 行き先】を続けます。

タクシーでは行き先をストレートに伝える表現ですが、バスの場合は、行きたい所を通るかどうか確認するフレーズとしても使えます。

PARTE
4

旅先で使える！ 場面別フレーズ

入れ替え語句

● 王宮
al Palacio Real
アル　パラシオ　レアル

● グエル公園
al Parque Güell
アル　パルケ　グエル

● 闘牛場
a la plaza de toros
ア　ラ　プラサ　デ　トロス

● プラド美術館
al Museo del Prado
アル　ムセオ　デル　プラド

2 ポイント 【cuánto + costar】で運賃を尋ねる

コスタル

【cuánto（どのくらい）＋ cuesta（費用がかかる）】で運賃を尋ねる表現です。運賃を尋ねる時、動詞 costar は常に三人称の活用形（単数＝cuesta、複数＝cuestan）を使います。

入れ替え語句

● 繁華街
el centro
エル　セントロ

● スタジアム
el estadio
エル　エスタディオ

● 劇場
el teatro
エル　テアトロ

これも使える！ タクシーで便利な表現

音声 57

● 急いでいます。

Tengo prisa.
テンゴ　プリサ

● ここで止めてください。

Pare aquí.
パレ　アキ

※pare は動詞 parar［パラル］（止まる）の命令形。

105

電車/地下鉄で

En el tren/metro
エン エル トレン メトロ

---

1 〜への切符をください。

Un billete para la estación
ウン ビジェテ パラ ラ エスタシオン

de Bilbao, por favor.
デ ビルバオ ポル ファボル

＝ **ビルバオ駅**への切符を1枚ください。

---

2 〜でどのくらいかかりますか？

¿Cuánto tiempo se tarda
クアント ティエンポ セ タルダ

入れ替え（）

en tren hasta Atocha?
エン トレン アスタ アトチャ

＝ アトーチャまで**電車**でどのくらいかかりますか？

1 ポイント 👉 切符の購入は【枚数＋billete(s)〜】

ビジェテ（ス）

【枚数＋billete（複数形はbilletes）】のあとに行き先などを続けます。
【para（〜へ）＋行き先】の代わりに、次の表現もできます。

Dos billetes **para el tren rápido**, por favor.

ドス　ビジェテス　パラ　エル　トレン　**ラ**ビド　ボル　ファボル

＝ **特急**の切符を2枚ください。

2 ポイント 👉 cuánto tiempo ＋ 無人称表現

【cuánto（どのくらい）＋tiempo（時間）】と無人称表現（p.101参照）
【se＋tarda（時間がかかる）】の組み合わせ。このあとに【交通機関＋
hasta（〜まで）＋目的地】を続けます。

() 入れ替え語句

● 地下鉄で　　　● 新幹線で

en metro　　　**en AVE**　※AVEはスペインの新幹線 Alta Velocidad

エン　メトロ　　　エン　アベ　Española［アルタ ベロシダッ エスパニョラ］の略。

**これも
使える！** 駅で便利な表現

音声
59

● マドリード行きの電車は何時に出発しますか？

¿A qué hora sale el tren para Madrid?

ア　ケ　オラ　サレ　エル　トレン　パラ　マ**ド**リッ

※salir［サリル］（出発する）を使った表現。paraは行き先を示す前置詞です。

● 電車は何時にバルセロナに到着しますか？

¿A qué hora llega el tren a Barcelona?

ア　ケ　オラ　ジェガ　エル　トレン　ア　バルセ**ロ**ナ

※llegar［ジェガル］（到着する）を使った表現。aは場所を示す前置詞です。

107

フロントで

En la recepción del hotel
エン　ラ　　レセプシオン　　デル　　オテル

---

1 ～予約してあります。

Tengo una reserva
テンゴ　　　　　ウナ　　　　　レセルバ

入れ替え( )

para dos noches .
パラ　　　ドス　　　ノチェス

= **2泊予約してあります。**

※nochesは「夜」という意味のnoche
[ノチェ]の複数形。数と組み合わせて「～
泊」という意味になります。

---

2 ～部屋を探しています。

Busco una habitación
ブスコ　　　　　ウナ　　　　　アビタシオン

入れ替え( )

para dos personas .
パラ　　　ドス　　　ベル**ソ**ナス

= **2人用の部屋を探しています。**

関連語句

□ 鍵	□ カードキー	□ 階段	□ エレベーター
llave	tarjeta llave	escalera	ascensor
ジャベ	タルヘタ　ジャベ	エスカレラ	アセンソル

1 ポイント 👉 予約しているなら tener（テネル）

チェックインの際は、自分の名前を告げて（p.48参照）から、【tengo（私は〜してある）＋una reserva（予約）】で予約している旨を伝えます。具体的な宿泊数や人数は para（〜で）のあとに続けます。

（） 入れ替え語句

● 今晩
para esta noche
パラ　エスタ　ノチェ

● 2人用で
para dos personas
パラ　ドス　ペルソナス

2 ポイント 👉 予約していないなら buscar（ブスカル）

部屋を探す時は、【busco（私は探している）＋una habitación（部屋）】を使います。

（） 入れ替え語句

● 眺めのよい
con buenas vistas
コン　ブエナス　ビスタス

● バスタブ付きの
con bañera
コン　バニェラ

● ツインの
doble
ドブレ

これも使える！ ホテルで便利な表現①

音声 61

● 1泊いくらですか？

¿Cuánto cuesta por noche?
クアント　　　クエスタ　　ポル　　ノチェ

※por noche は「1泊当たり」という意味です。

● 朝食付きですか？

¿Incluye desayuno?
インクルジェ　　　デサジュノ

※incluye は動詞 incluir［インクルイル］（含む）の三人称単数。desayuno は「朝食」という意味です。

SITUACIÓN 2　宿泊　音声62

部屋で

En la habitación del hotel
エン　ラ　　　アビタシオン　　デル　オテル

1 ～がありません。

入れ替え**( )**

No hay　toallas .
ノ　　アイ　　　　　トアジャス

= **タオル**がありません。

¿Puede traer, por favor? = 持ってきてもらえますか?
プエデ　　　トラエル　　ポル　　ファボル

2 ～が使えません。

入れ替え**( )**

No funciona　el secador .
ノ　　　　　フンシオナ　　　　エル　　セカドル

= **ドライヤー**が使えません。

¿Puede venir alguien? = 誰か来てもらえますか?
プエデ　　　ベニル　　　アルギエン

※alguien は「誰か」という意味の代名詞です。

関連語句

□ 浴室	□ 便器	□ シャワー
cuarto de baño	inodoro	ducha
クアルト　デ　バニョ	イノドロ	ドゥチャ
□ 鏡	□ 浴槽	□ 蛇口
espejo	bañera	grifo
エスペホ	バニェラ	グリフォ

① ポイント ☞ あるべきものがない時は **no hay**

あるべきものがないことを伝えるには、動詞 haber（ある）の否定【no
hay ＋ 主語】を使います。そのあとに、【puede ＋ 動詞の原形】を使っ
た依頼表現を続けましょう。

> **( ) 入れ替え語句**
>
> ● 石鹸
> **jabón**
> ハボン
>
> ● シャンプー
> **champú**
> チャンプ
>
> ● トイレットペーパー
> **papel higiénico**
> パペル　　イヒエニコ

② ポイント ☞ トラブルには動詞の否定形

故障で使えないトラブルには、動詞 funcionar（機能する、働く）の否定
【no funciona ＋ 主語】を使います。

> **( ) 入れ替え語句**
>
> ● エアコン
> **el aire acondicionado**
> エル **アイレ**　　アコンディシオナド
>
> ● 暖房
> **la calefacción**
> ラ　　カレファクシオン
>
> ● テレビ
> **el televisor**
> エル　テレビソル
>
> ● ランプ
> **la lámpara**
> ラ　　**ラ**ンパラ

故障以外のトラブルにも、動詞の否定形を使います。

No sale agua caliente. ＝ お湯が**出ません**。
ノ　　**サ**レ　　**ア**グア　　カリ**エ**ンテ

No abre la ventana. ＝ 窓が**開きません**。
ノ　　**ア**ブレ　ラ　　ベン**タ**ナ

3 〜するにはどうすればいいですか?

¿Cómo **se hace** para
コモ　　セ　　アセ　　パラ

入れ替え**( )**

llamar a Japón ?
ジャ**マ**ル　　ア　　ハ**ポ**ン

= **日本に電話する**にはどうすればいいですか?

---

4 今すぐに〜が必要です。

入れ替え**( )**

Necesito un taxi
ネセシト　　　　　ウン　　タクシ

urgentemente.
ウル**ヘ**ンテメンテ

= 今すぐに**タクシー**が必要です。

関連語句			
□ テーブル	□ ベッド	□ シーツ	□ コンセント
mesa	cama	sábana	enchufe
メサ	カマ	サバナ	エンチュフェ
□ 椅子	□ 枕	□ カーテン	□ ミニバー
silla	almohada	cortina	minibar
シジャ	アルモ**ア**ダ	コル**ティ**ナ	ミニバル

3 ポイント！ 方法を尋ねる無人称表現

【se + hace（動詞 hacer（アセル）の三人称単数）】の無人称表現（p.101参照）は、ホテルで使い方などを尋ねる場合にも使えます。

> **（）入れ替え語句**
>
> ● セーフティーボックスを使う　　● ケーブルテレビを見る
>
> **usar la caja fuerte**　　　**ver la televisión por cable**
> ウサル　ラ　**カ**ハ　フエルテ　　　ベル　ラ　テレビ**シ**オン　ポル　**カ**ブレ

4 ポイント！ 強めの依頼には necesitar（ネセシタル）

動詞 necesitar（必要とする）の活用形を使った強めの依頼表現。入れ替え部分には名詞の他、動詞の原形を置くこともできます。

> **（）入れ替え語句**
>
> ● 出かける（必要がある）　　● 国際電話をかける（必要がある）
>
> **salir**　　　　　**hacer una llamada internacional**
> サリル　　　　　アセル　**ウ**ナ　ジャ**マ**ダ　インテルナシオ**ナ**ル

これも使える！ ホテルで便利な表現② 〔音声 64〕

● エキストラベッドをお願いしたいのですが。

Deseo pedir una cama extra, por favor.
デ**セ**オ　　　ペ**ディ**ル　　**ウ**ナ　　**カ**マ　　エ**ク**ストラ　　ポル　　ファ**ボ**ル

※【desear［デセアル］（望む）＋動詞の原形】を使った、querer［ケレル］よりも丁寧な依頼表現。動詞 pedir は「頼む」という意味です。

・・

● 部屋で朝食を摂（と）りたいのですが。

Deseo tomar el desayuno en la habitación.
デ**セ**オ　　　ト**マ**ル　エル　デサ**ジュ**ノ　エン　ラ　アビタ**シオ**ン

※動詞 tomar は「（食べ物や飲み物を）摂取する」、desayuno は「朝食」という意味です。

市場/スーパーで

En el mercado/supermercado
エン　エル　　メルカド　　　　　　　スペルメルカド

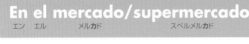

---

(1) ～を探しています。

入れ替え**( )**

Busco una panadería .
ブスコ　　　　　　ウナ　　　　　　　　パナデリア

= **パン屋**を探しています。

- -

(2) ～はありますか?

入れ替え**( )**

¿**Tienen** pañuelos de papel ?
ティ**エ**ネン　　　パニュ**エ**ロス　　　デ　　　パペル

= **ティッシュ**はありますか?

- -

(3) ～はどこで買えますか?

¿**Dónde puedo** comprar
ドンデ　　　　　　プ**エ**ド　　　　　　コンプラル

入れ替え**( )**

tartas ?
タルタス

= **ケーキ**はどこで買えますか?

114

1 ポイント 店の位置や探し物を尋ねるには **buscar** <ruby>ブスカル</ruby>

busco（私は探している）を使うと、場所や探し物を尋ねることができます。

> **入れ替え語句**
>
> ● 八百屋　　　　　　　　● 果物店　　　　　　　　● ワイン
> **una verdulería**　　**una frutería**　　　**vinos**
> ウナ　ベルドゥレリア　　　ウナ　フルテリア　　　　ビノス

2 ポイント 店員が1人でも **tener** の複数形 <ruby>テネル</ruby>

店で「〜はありますか？」と尋ねる時は、動詞 tener（ある）の複数形 tienen を使います。店員が1人でも、店の代表とみなして「あなたがたは」とする用法です。

> **入れ替え語句**
>
> ● はがき　　　　　　　　● ボールペン　　　　　　● 地図
> **postales**　　　　　**bolígrafos**　　　　**mapas**
> ポスタレス　　　　　　　　ボリグラフォス　　　　　　マパス

3 ポイント **dónde** ＋ 可能を表す **poder** <ruby>ポデル</ruby>

dónde（どこ）と動詞 poder（〜できる）の一人称現在形 puedo を組み合わせた疑問文です。

> **入れ替え語句**
>
> ● パン　　　　　　　　　● チョコレート　　　　　● キャンディー
> **pan**　　　　　　　**chocolate**　　　　**caramelos**
> パン　　　　　　　　　　　チョコラテ　　　　　　　　カラメロス

レジの場所を尋ねるには、comprar（買う）を pagar（支払う）にします。 <ruby>パガル</ruby>

¿Dónde puedo pagar? ＝ どこで**支払**えますか？
ドンデ　　プエド　　パガル

115

④ ～をください。

入れ替え **( )**

Quiero tres manzanas .
キエロ　　　　トレス　　　　マン**サ**ナス

＝ **りんごを3個ください。**

---

⑤ ～をお願いします。

入れ替え **( )**

Medio kilo de fresas ,
メディオ　　　**キ**ロ　　デ　　　フレサス

por favor.
ボル　　　ファ**ボ**ル

※「いちご」は、スペインでは fresas ですが、
南米では frutillas ［フル**ティ**ジャス］です。

＝ **いちごを500gお願いします。**

**これも
使える！** 市場で便利な表現 音声 67

● （いろいろ買って）**全部でいくらですか?**

¿Cuánto es en total?
ク**ア**ント　　　**エ**ス　エン　　**ト**タル

※ en total は「全部で」という意味です。

● **そのチーズをまるごと1個ください。**

Quiero el queso entero.
キ**エ**ロ　　　エル　　**ケ**ソ　　　エン**テ**ロ

※ entero は「全体の」という意味です。

④ ポイント 👉 数えられるものは数を伝える

quiero（私は望む）を使った表現。数えられるものは【数＋名詞】で伝えます。

（）入れ替え語句

● レモンを1個
un limón
ウン　リモン

● 梨を2個
dos peras
ドス　ペラス

● オレンジを4個
cuatro naranjas
クアトロ　　ナランハス

⑤ ポイント 👉 数えにくいものは量を伝える

動詞 querer（望む）を使わず、文末に por favor を加えるだけでも「〜をください（お願いします）」という意味で使えます。まとめて買う果物、液体の飲み物などは【数＋助数詞＋de＋名詞】で伝えます。

（）入れ替え語句

● ビスケットを1パック
un paquete de galletas
ウン　　パケテ　　デ　　ガジェタス

● 赤ワインを2本
dos botellas de vino tinto
ドス　　ボテジャス　デ　ビノ　ティント

● 肉を1kg
un kilo de carne
ウン　キロ　デ　カルネ

● 生ハムを500g
medio kilo de jamón
メディオ　キロ　デ　ハモン

● チーズを250g
un cuarto de kilo de queso
ウン　クアルト　デ　キロ　デ　ケソ

★肉やチーズはkg単位（500g→2分の1kg、250g→4分の1kg）で購入します。

デパート/ショップで

En el almacén/la tienda
エン　エル　　アルマセン　　ラ　　ティエンダ

(1) ～売り場はどこですか？

¿La sección de
ラ　　　セクシオン　　　デ

―――入れ替え**( )**
ropa de mujer, **por favor**?
　ロパ　　　デ　　　ムヘル　　　　　　　ポル　　　ファボル

= 婦人服売り場はどこですか？

- -

(2) ～（色の）Tシャツがほしいのですが。

入れ替え**( )**
Quería una camiseta **roja** .
　ケリア　　　　　ウナ　　　　カミセタ　　　　ロハ

= 赤いTシャツがほしいのですが。

- -

(3) 他の～はありますか？

入れ替え**( )**
¿Tienen **otro** color ?
　ティエネン　　　オトロ　　　コロル

= 他の色はありますか？

① ポイント☞ por favor で場所を尋ねる

「売り場」という意味の sección を使った疑問文。商品のジャンル名の
あとに por favor を続ければ、疑問詞 dónde（どこ）を使わなくてもOK。

（）入れ替え語句

● 紳士服	● 子ども服	● おもちゃ
ropa de hombre ロパ　デ　オンブレ	**ropa de niño** ロパ　デ　ニニョ	**juguetes** フゲテス
● 靴	● 化粧品	● おみやげ
zapatos サパトス	**cosméticos** コスメティコス	**souvenirs** スベニルス

---

② ポイント☞ quiero よりも丁寧な表現

quería（動詞 querer の過去形のひとつ）は quiero（私は望む）より丁
寧な表現。「色」は形容詞なので、名詞の性と数で変化します。

（）入れ替え語句

● 黒い	● 白い	● 赤い	● 黄色い
negro男／ ネグロ	**blanco**男／ ブランコ	**rojo**男／ ロホ	**amarillo**男／ アマリジョ
negra女 ネグラ	**blanca**女 ブランカ	**roja**女 ロハ	**amarilla**女 アマリジャ

※名詞の性で
変化しない色も
あります。

● 青い	● 緑色の	● ピンク色の
azul アスル	**verde** ベルデ	**rosa** ロサ

---

③ ポイント☞ 名詞の前に置く形容詞 otro

otro（他の）は名詞のあとではなく、名詞の前に置く形容詞です。

（）入れ替え語句

● デザイン	● ブランド
diseño ディセニョ	**marca** マルカ

※ marca は女性名詞なので、前に置く
otro は otra [オトラ] に変化します。

PARTE
4

旅先で使える！場面別フレーズ

これも使える! ショップで便利な表現

● もっと大きいサイズはありますか?

¿Tienen una talla más grande?

ティエネン　　ウナ　　タジャ　　マス　　　グランデ

※ talla は「サイズ」という意味。más（もっと）は比較表現に使われ、「もっと小さい」なら más pequeña [マス ペケーニャ] です。

・・・・・・・・・・・・・・・・・・・・・・・・・・・・・・・・・・・・・・・

● 試着できますか?

¿Puedo probármelo?

プエド　　　　　プロバルメロ

※ 動詞 probarme [プロバルメ]（自分で試す→試着する）を使った表現。probármelo は試着するものが男性名詞の場合です。女性名詞の場合は probármela [プロバルメラ] になります。

・・・・・・・・・・・・・・・・・・・・・・・・・・・・・・・・・・・・・・・

● クレジットカードで支払えますか?

¿Puedo pagar con tarjeta de crédito?

プエド　　　パガル　　コン　　タルヘタ　　デ　　クレディト

※ pagar は「支払う」、tarjeta de crédito は「クレジットカード」です。

・・・・・・・・・・・・・・・・・・・・・・・・・・・・・・・・・・・・・・・

● いくらですか?

¿Cuánto cuesta?

クアント　　　クエスタ

・・・・・・・・・・・・・・・・・・・

● それにします。

Me lo llevo.

メ　　ロ　　ジェボ

※ 動詞 llevar [ジェバル]（ここから持っていく）を使った表現。商品が女性名詞の場合、「それを」という意味の lo は la になります。

□ シャツ	□ 靴下	□ ネクタイ
camisa	calcetines	corbata
カミサ	カルセティネス	コルバタ
□ ブラウス	□ ストッキング	□ ベルト
blusa	medias	cinturón
ブルサ	メディアス	シントゥロン
□ ジャケット	□ マフラー	□ 時計
chaqueta	bufanda	reloj
チャケタ	ブファンダ	レロッ
□ スカート	□ 手袋	□ 財布（スペイン/中南米）
falda	guantes	cartera/billetera
ファルダ	グアンテス	カルテラ　　ビジェテラ
□ パンツ	□ ブーツ	□ バッグ（スペイン/中南米）
pantalones	botas	bolso/cartera
パンタロネス	ボタス	ボルソ　　カルテラ

PARTE 4

旅先で使える！ 場面別フレーズ

¿Lo sabías? 豆知識　服と靴のサイズ

　スペインでは、服や靴のサイズ表記が日本と異なります。以下の表が目安です。サイズはメーカーによっても微妙に異なるので、試着してみるのが一番確かです。

服（女性用）					
スペイン	30	32	34	36	38	40
日本	S	M	L	LL/XL	3L/XXL	4L

服（男性用）					
スペイン	36/37	38/39	40/41	42/43	44	45
日本	S	M	L	LL/XL	3L/XXL	4L

靴（女性用）					
スペイン	35	36	37	38	39	40
日本	22.5	23	23.5	24	24.5	25

靴（男性用）					
スペイン	38	39	40	41	42	43
日本	24	24.5	25	25.5	26	26.5

SITUACIÓN 4 観光 音声 70

街で

En la calle
エン ラ カジェ

① ～までどう行けばいいですか?

¿**Cómo puedo ir** hasta
コモ　　　　プ**エ**ド　　　イル　　　ア**ス**タ

入れ替え**( )**

la estación ?
ラ　　　　エスタシ**オ**ン

= 駅までどう行けばいいですか?

② 一番近い～はどこですか?

入れ替え**( )**

¿Dónde está **la farmacia**
ド**ン**デ　　　エス**タ**　　　ラ　　ファル**マ**シア

más cercana?
マス　　　　セル**カ**ナ

= 一番近い薬局はどこですか?

関連語句

□ 通り	□ ブロック	□ ずっとまっすぐ	□ 左に
calle	cuadra	todo recto	a la izquierda
カジェ	クアドラ	ト**ド** レクト	ア ラ イスキ**エ**ルダ
□ 大通り	□ 角	□ 突き当たりに	□ 右に
avenida	esquina	al final	a la derecha
ア**ベ**ニダ	エス**キ**ナ	アル フィ**ナ**ル	ア ラ デレチャ

122

1 ポイント 目的地までの道順を尋ねる

【cómo（どのように）＋ puedo ir（私は行くことができる）】を使って
道順を尋ねる表現。前置詞 hasta（〜まで）のあとに目的地を続けます。

入れ替え語句

● 広場
la plaza
ラ　　プラサ

● 美術館
el museo
エル　　ムセオ

● 公園
el parque
エル　　パルケ

起点を表す desde（〜から）とセットで使うと、次のようになります。

¿Cómo puedo ir **desde** la estación **hasta** tu casa?
コモ　　プエド　イル　デスデ　ラ　エスタシオン　アスタ　トゥ　**カサ**

＝ 駅**から**君の家**まで**どう行けばいいですか？

2 ポイント 一番近い場所を尋ねる

【定冠詞＋目的地＋más cercano/cercana】で「一番近い〜」という
意味。これに ¿Dónde está〜?（〜はどこですか？）を組み合わせます。

※目的地が男性名詞なら cercano を、女性名詞なら cercana を使います。

入れ替え語句

● バス停
la parada de autobús
ラ　　パラダ　デ　　アウトブス

● キオスク
el quiosco
エル　キオスコ

● 病院
el hospital
エル　オスピタル

スタジアム/闘牛場で

En el estadio/la plaza de toros
エン エル エスタディオ ラ プラサ デ トロス

(1) 〜はいつですか?

¿Cuándo es
クアンド　　　　　エス

入れ替え**( )**

el partido del Barcelona ?
エル　　　パルティド　　　デル　　　バルセロナ

= **バルセロナの試合**はいつですか?

---

(2) 〜はどこで売っていますか?

¿Dónde se venden
ドンデ　　　セ　　　ベンデン

入れ替え**( )**

las entradas ?
ラス　　　エントラダス

= **チケット**はどこで売っていますか?

---

(3) チケットを〜枚ください。

Dos entradas, por favor.
ドス　　　　エントラダス　　　　ポル　　　ファボル

= チケットを**2枚**ください。

1 ポイント☞ 具体的な開催日を尋ねる

【cuándo（いつ）＋ es】のあとに試合や催し物を続けて、具体的な日にちや時間を尋ねる表現です。

（）入れ替え語句

● クラシコ戦
el Clásico
エル　クラシコ
★意味は「伝統の一戦」。レアル・マドリードとFCバルセロナが対戦するサッカーの試合。

● 火祭り闘牛
la Feria de Fallas
ラ　フェリア　デ　ファジャス
★バレンシアの火祭り（3月）で行われます。

● 春祭り闘牛
la Feria de Abril
ラ　フェリア　デ　アブリル
★セビリヤの春祭り（4〜5月）で行われます。

● 牛追い闘牛
la Feria de San Fermín
ラ　フェリア　デ　サン　フェルミン
★7月にパンプローナで行われます。

2 ポイント☞ 受け身表現 se venden

【dónde（どこ）＋ se venden（売られている）】という受け身の表現です。このあとに続ける主語は複数形になります。

（）入れ替え語句

● カタログ
los catálogos
ロス　カタロゴス

● ポスター
los carteles
ロス　カルテレス

● Tシャツ
las camisetas
ラス　カミセタス

3 ポイント☞ por favor で「〜をください」

【枚数 ＋ entradas（チケット）】に por favor を続けるだけです。

※「チケット」は「1枚」の場合、単数形 entrada［エントラダ］になります。

関連語句

□ サッカー	□ 試合	□ 選手	□ 闘牛	□ 闘牛士
fútbol	partido	jugador	corrida	matador
フッボル	パルティド	フガドル	コリダ	マタドル

美術館/劇場で

En el museo/teatro
エン　エル　ムセオ　テアトロ

---

(1) 何時に〜しますか?

入れ替え( )

¿A qué hora | **abre el museo** ?
ア　ケ　オラ　　　アブレ　エル　ムセオ

= **美術館が開く**のは何時ですか?

---

(2) ここで〜してもいいですか?

入れ替え( )

¿Podemos | **usar el móvil**
ポデモス　　　　　ウサル　エル　モビル

aquí?
アキ

※「携帯電話」は、中南米では
celular [セルラル] です。

= ここで**携帯電話を使って**もいいですか?

---

(3) 〜は誰の作品ですか?

入れ替え( )

¿De quién es | **este cuadro** ?
デ　　キエン　エス　　　エステ　　クアドロ

= **この絵**は誰の作品ですか?

💬 **Es de Velázquez.** = ベラスケスの作品です。
エス　デ　　ベラスケス

1 ポイント☞ 具体的な時刻を尋ねる

a qué hora（何時に）のあとに【動詞＋主語】の組み合わせを続けると、さまざまな時刻を尋ねることができます。

()入れ替え語句

● 図書館が閉まる
cierra la biblioteca
シエラ　ラ　ビブリオテカ

● 上演が始まる
empieza la función de teatro
エンピエサ　ラ　フンシオン　デ　テアトロ

※ empieza は「始まる」。「終わる」なら termina [テルミナ] です。

2 ポイント☞ 一人称複数で許可を求める

動詞 poder の一人称複数 podemos を使うと、自分を含めた人が何かをしてもよいか、許可を求める表現になります。

()入れ替え語句

● 写真を撮る
tomar fotos
トマル　フォトス

● 食べる
comer
コメル

● たばこを吸う
fumar
フマル

3 ポイント☞ 作者を尋ねる de quién

【de（～の）＋quién（誰）】で、誰の作品かを尋ねる表現です。

()入れ替え語句

● 彫刻
esta escultura
エスタ　エスクルトゥラ

● 戯曲
esta obra de teatro
エスタ　オブラ　デ　テアトロ

● 映画
esta película
エスタ　ペリクラ

関連語句

□ チケット売り場	□ ミュージアムショップ	□ 映画館	□ 舞台
taquilla	tienda del museo	cine	escenario
タキジャ	ティエンダ　デル　ムセオ	シネ	エセセナリオ

バル/カフェで

En el bar/la cafetería
エン　エル　バル　ラ　カフェテリア

① ～をください。

入れ替え( )

Un vino tinto,
ウン　　　ビノ　　　ティント

por favor.
ポル　　　　ファボル

= 赤ワインを1杯ください。

---

② （～するために）何がありますか?

入れ替え( )

¿Qué hay para **comer** ?
ケ　　アイ　　　　バラ　　　　　コメル

= 食べ物は何がありますか?

関連語句

□ コーヒー café カフェ	□ 小皿料理（1人分） tapa タパ	□ スペイン風オムレツ tortilla トルティジャ
□ 白ワイン vino blanco ビノ　ブランコ	□ ポテトフライ patatas fritas バタタス　フリタス	□ ピンチョス pinchos ピンチョス

★ バゲットに具材をのせた一口サイズの酒のつまみ。

1 ポイント ☞ por favor で「〜をください」

【数 + 飲み物/食べ物】に por favor を続けます。2つ以上注文する場合は名詞を複数形にするのを忘れずに。

※バルではカジュアルに ¡Hola! [オラ] （やあ!）と呼びかけてから注文しましょう。

( ) 入れ替え語句

● ビールを1杯
una cerveza
ウナ　セルベサ

● カフェオレを2つ
dos cafés con leche
ドス　カフェス　コン　レチェ

● 紅茶を3つ
tres tés
トレス　テス

2 ポイント ☞ 具体的な料理名を尋ねる

【qué（何）+ hay（ある）】で、どんなメニューがあるかを尋ねる表現です。para は目的を表す前置詞です。

( ) 入れ替え語句

● 飲み物
beber
ベベル

● 朝食
desayunar
デサジュナル

● つまみ
picar
ピカル
※ picar は「料理をちょっとつまむ」という意味。

これも使える! バルで便利な表現

● あいているテーブルはありますか?

¿Hay mesas disponibles?
アイ　　　メサス　　　　ディスポニブレス

※ここでは形容詞 disponible [ディスポニブレ]（空席の）が複数形で使われています。

● 食べ物のおすすめは何ですか?

¿Qué me recomienda para comer?
ケ　　メ　　　レコミエンダ　　　パラ　　コメル

※ me recomienda は「私にすすめる」という意味です。

129

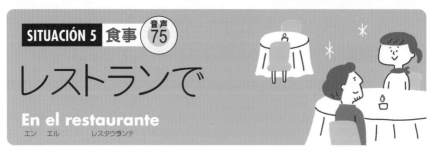

レストランで

En el restaurante
エン エル レスタウランテ

---

(1) ～のメニューはありますか?

入れ替え ( )

¿**Tienen** menú | **en japonés** | ?
ティ**エ**ネン メ**ヌ** エン ハポ**ネ**ス

= **日本語の**メニューはありますか?

---

(2) 何か～なものはありますか?

入れ替え ( )

¿**Hay algo** | **ligero** | ?
アイ **アル**ゴ リ**ヘ**ロ

= 何か**あっさりした**ものはありますか?

¿Lo sabías? 豆知識 **レストランに予約を入れるには**

人気の高いレストランには予約を入れておきたいものです。予約の際には「人数」「曜日」「時間」を次のように伝えます。

Quiero hacer una reserva para
キエロ アセル **ウ**ナ レセルバ パラ

2人用の 日曜日 9時に
dos personas el domingo a las nueve.
ドス ペル**ソ**ナス エル ド**ミ**ンゴ ア ラス ヌ**エ**ベ

= 日曜日の9時に2人の予約をしたいのですが。

① ポイント！ メニューの種類を尋ねる

動詞 tener（テネル）（ある）の複数形 tienen を使った疑問文です。【en ＋言語】
は「〜語で書いた」。para を使うと「〜用の」という意味になります。

()入れ替え語句

● 英語の
en inglés
エン　イングレス

● ベジタリアン用の
para vegetarianos
パラ　　　　ベヘタリアノス

● 子ども用の
para niños
パラ　　　ニニョス

② ポイント！ hay algo で尋ねる

【hay（ある）＋ algo（何か）】を使った疑問文。入れ替え部分には形
容詞だけでなく、【para ＋動詞の原形】も使えます。

()入れ替え語句

● 温かい
caliente
カリエンテ

● 冷たい
frío
フリオ

● 辛い
picante
ピカンテ

● 甘い
dulce
ドゥルセ

● 食事用の
para comer
パラ　　コメル

● つまみ用の
para picar
パラ　ピカル

関連語句

□ ウエーター/ウエートレス
camarero 男/camarera 女
カマレロ　　　　　カマレラ

□ シェフ
cocinero 男/cocinera 女
コシネロ　　　　コシネラ

□ ワインリスト
carta de vino
カルタ　デ　ビノ

□ 日替わり定食
menú del día
メヌ　デル　ディア

□ セットメニュー
plato combinado
プラト　　　コンビナド

★カフェの昼食に多い、
ワンプレートの料理です。

これも使える！ レストランで便利な表現

● （写真などを指差して）これがほしいです。

Quiero esto.
キエロ　　　エスト

● おいしそうですね!

¡Tiene buena pinta!
ティエネ　　　ブエナ　　　ピンタ

● 地元のワインを飲みたいのですが。

Quiero tomar un vino de la región.
キエロ　　　トマル　　ウン　　ビノ　　デ　　ラ　　レヒオン

※ de la región は直訳すると「この地域の」です。

● お勘定をお願いします。

La cuenta, por favor.
ラ　　クエンタ　　　ポル　　ファボル

★支払いは通常、テーブルで行います。

関連語句

□ ナイフ	□ グラス	□ 塩	□ オリーブオイル
cuchillo	copa	sal	aceite de oliva
クチジョ	コパ	サル	アセイテ　デ　オリバ
□ フォーク	□ コップ	□ こしょう	□ 酢
tenedor	vaso	pimienta	vinagre
テネドル	バソ	ピミエンタ	ビナグレ
□ スプーン	□ 皿	□ 砂糖	□ バター
cuchara	plato	azúcar	mantequilla
クチャラ	プラト	アスカル	マンテキジャ

MENÚ

Entremeses [エントレメセス]　　　　　　　　小皿料理（つまみ）

オリーブの実	生ハム	チョリソ	チーズ
Aceitunas	*Jamón*	*Chorizo*	*Queso*
アセイトゥナス	ハモン	チョリソ	ケソ

Primer plato [プリメル プラト]　　　　　　第1の皿（サラダ、スープなど）

PARTE 4

旅先で使える！場面別フレーズ

トマトサラダ	ミックスサラダ	コンソメスープ
Ensalada de tomate	*Ensalada mixta*	*Sopa de consomé*
エンサラダ　デ　トマテ	エンサラダ　ミクスタ	ソパ　デ　コンソメ

Segundo plato [セグンド プラト]　　　　　　第2の皿（メーンディッシュ）

Carne [カルネ] 肉料理

こ う し 仔牛のカツレツ	ビーフステーキ	マドリード風煮込み
Escalope de ternera	*Bistec*	*Cocido madrileño*
エスカロペ　デ　テルネラ	ビステク	コシド　　マドリレニョ

Pescado [ペスカド] 魚料理

スズキの塩釜焼き	メルルーサのトマトソース	★「メルルーサ」は
Lubina a la sal	*Merluza con salsa de tomate*	スペインでポピュ
ルビナ　ア ラ　サル	メルルサ　コン　サルサ　デ　トマテ	ラーな白身魚です。

Postre [ポストレ]　　　　　　　　　　　　　　デザート

フルーツサラダ	ライスプディング	アイスクリーム	プリン
Macedonia	*Arroz con leche*	*Helado*	*Flan*
マセドニア	アロス　コン　レチェ	エラド	フラン

★数種の果物をオレンジ　　★米を牛乳と砂糖で甘く煮て
果汁であえたもの。　　　　シナモンをかけたもの。

Bebida [ベビダ]　　　　　　　　　　　　　　飲み物

赤ワイン	白ワイン	シェリー酒	ビール
Vino tinto	*Vino blanco*	*Fino*	*Cerveza*
ビノ　ティント	ビノ　ブランコ	フィノ	セルベサ

ガス入りミネラルウオーター	ガスなしミネラルウオーター
Agua con gas	*Agua sin gas*
アグア　コン　ガス	アグア　シン　ガス

病院/薬局で

En el hospital/la farmacia
エン エル オスピタル ラ ファルマシア

---

① ～が痛いです。

入れ替え**( )**

Me duele | la cabeza |.
メ ドゥ**エ**レ ラ カ**ベ**サ

= **頭**が痛いです。

---

② ～（の状態）です。

Estoy cansado.
エス**ト**イ カン**サ**ド

= 私は**疲れ**ています。

※cansado（疲れた）は「私」が男性の場合。
女性の場合は cansada［カン**サ**ダ］です。

---

③ ～（の症状）があります。

入れ替え**( )**

Tengo | diarrea |.
テンゴ ディア**レ**ア

= **下痢**をしています。

関連語句

□ 薬	□ 処方箋	□ 食前に	□ 食後に
medicina	receta	antes de comer	después de comer
メディ**シ**ナ	レ**セ**タ	**ア**ンテス デ コ**メ**ル	デスプ**エ**ス デ コ**メ**ル

1 ポイント 「私は〜が痛い」は me duele

動詞 doler（痛む）を使った me duele は、p.78の me gusta と同じ用法です。　※主語（痛む箇所）が複数の場合、duele は duelen［ドゥエレン］になります。

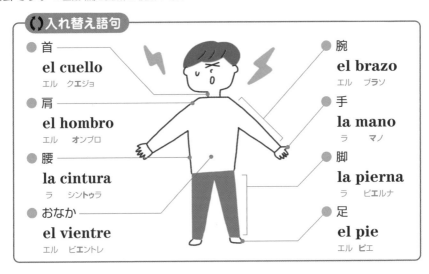

入れ替え語句

- 首
  el cuello
  エル　クエジョ

- 肩
  el hombro
  エル　オンブロ

- 腰
  la cintura
  ラ　シントゥラ

- おなか
  el vientre
  エル　ビエントレ

- 腕
  el brazo
  エル　ブラソ

- 手
  la mano
  ラ　マノ

- 脚
  la pierna
  ラ　ピエルナ

- 足
  el pie
  エル　ピエ

2 ポイント estar で体の一時的な状態を表す

【estar の活用形 + 形容詞】は体の一時的な状態を表し、形容詞は主語の性によって語尾変化します。状態が恒常的なら動詞 ser を使います。

Soy alérgico. = 私はアレルギーです。←恒常的（「私」が男性の場合）
ソイ　　アレルヒコ

3 ポイント tener で症状を訴える

tengo のあとに冠詞を付けずに名詞（症状）を続けます。

入れ替え語句

- 熱
  fiebre
  フィエブレ

- めまい
  mareos
  マレオス

- 吐き気
  náusea
  ナウセア

- 咳
  tos
  トス

135

トラブル

En caso de problemas o accidentes
エン　カソ　デ　プロブレマス　オ　アクシデンテス

(1) 〜を盗まれました。

入れ替え**( )**

Me han robado ｜ la cartera ｜.
メ　　　アン　　　ロバド　　　　　ラ　　　　カル**テ**ラ

= **財布**を盗まれました。

----

(2) 〜をなくしました。

入れ替え**( )**

He perdido ｜ el pasaporte ｜.
エ　　　ペル**ディ**ド　　　　エル　　　パサ**ボ**ルテ

= **パスポート**をなくしました。

----

(3) 〜を呼んでください。

Llame una ambulancia,
ジャメ　　　　ウナ　　　　　　アンブ**ラ**ンシア

por favor. = **救急車**を呼んでください。
ボル　　　ファボル

関連語句

□ 泥棒	□ ひったくり	□ 交通事故	□ 火事
robo	tirón	accidente de tráfico	incendio
ロボ	ティ**ロ**ン	アクシ**デ**ンテ　デ　ト**ラ**フィコ	イン**セ**ンディオ

1 ポイント 盗まれた時は me han robado

動詞 robar（盗む）を使った han robado は無人称表現のひとつで、直
前に起きたことを表します。直訳すると「（誰か知らない人が）私から～を
盗んだ」。主語（泥棒やスリ）が1人でも特定しない意味で、複数形です。

( ) 入れ替え語句

● クレジットカード
la tarjeta de crédito
ラ　タルヘタ　デ　クレディト

● スーツケース
la maleta
ラ　マレタ

● バッグ
el bolso
エル　ボルソ

2 ポイント なくした時は he perdido

動詞 perder（なくす）を使った he perdido（私はなくした）は、han
robado 同様、直前に起きた重大なことを表す用法です。

( ) 入れ替え語句

● 携帯電話
el móvil ※中南米では celular［セルラル］です。
エル　モビル

● 鍵
la llave
ラ　ジャベ

● 時計
el reloj
エル　レロッ

3 ポイント llamar の命令形

動詞 llamar の usted に対する命令形 llame のあとに目的語を続け
て、最後に por favor を付けると、依頼表現になります。

Llame a la policía, por favor.
ジャメ　ア　ラ　ポリシア　ボル　ファボル

= 警察を呼んでください。

おさらい練習問題

① 空欄に適切な単語を入れましょう。

1. [   ] cerveza, por favor.

   ＝ ビールを1杯ください。

2. ¿Hay [   ] para picar?

   ＝ 何かつまみはありますか？

3. ¿[   ] está el baño?

   ＝ トイレはどこですか？

4. La [   ], por favor. ＝ お勘定をお願いします。

② 日本語訳と一致するスペイン語の文を線で結びましょう。

タオルがありません。 •   • Me duele la cabeza.

頭が痛いです。 •   • No encuentro
                              mi maleta.

急いでいます。 •   • No hay toallas.

吐き気がします。 •   • Tengo prisa.

私のスーツケースが •   • Tengo náusea.
見つかりません。

③ 点線内の単語を使って日本語と一致する文を作り、空欄に入れて
ください。

1.
> abre / el / qué / hora / a / banco

↓

= 銀行が開くのは何時ですか？ ※文の前後を「¿」「?」でくくるのを忘れずに。

2.
> hasta / ir / puedo / el / cómo / aeropuerto

↓

= 空港までどう行けばいいですか？ ※文の前後を「¿」「?」でくくるのを忘れずに。

3.
> al / quiero / Plaza / ir / Hotel

↓

= プラザホテルに行きたいのですが。

正解：① 1. Una 2. algo 3. Dónde 4. cuenta
② タオルがありません。＝No hay toallas.／頭が痛いです。＝Me duele la cabeza.／
急いでいます。＝Tengo prisa.／吐き気がします。＝Tengo náusea.／
私のスーツケースが見つかりません。＝No encuentro mi maleta.
③ 1. ¿A qué hora abre el banco? 2. ¿Cómo puedo ir hasta
el aeropuerto? 3. Quiero ir al Hotel Plaza.

動 詞 活 用 表

　スペイン語の動詞は主語の人称と数によって活用します。活用には規則活用と不規則活用があり、不規則に活用する動詞ほどよく使われます。ここではおもな動詞の現在形の活用をまとめました。

不規則活用		
ser セル	～である	
	単数	複数
一人称	**soy** ソイ	**somos** ソモス
二人称	**eres** エレス	**sois** ソイス
三人称	**es** エス	**son** ソン

不規則活用		
estar エスタル	いる/ある	
	単数	複数
一人称	**estoy** エストイ	**estamos** エスタモス
二人称	**estás** エスタス	**estáis** エスタイス
三人称	**está** エスタ	**están** エスタン

不規則活用		
ir イル	行く	
	単数	複数
一人称	**voy** ボイ	**vamos** バモス
二人称	**vas** バス	**vais** バイス
三人称	**va** バ	**van** バン

規則活用		
vivir ビビル	住む	
	単数	複数
一人称	**vivo** ビボ	**vivimos** ビビモス
二人称	**vives** ビベス	**vivís** ビビス
三人称	**vive** ビベ	**viven** ビベン

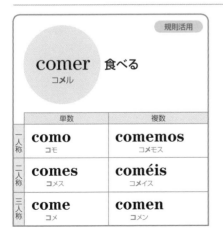

141

ver 見る
ベル

不規則活用

	単数	複数
一人称	veo ベオ	vemos ベモス
二人称	ves ベス	veis ベイス
三人称	ve ベ	ven ベン

oír 聞く
オイル

不規則活用

	単数	複数
一人称	oigo オイゴ	oímos オイモス
二人称	oyes オジェス	oís オイス
三人称	oye オジェ	oyen オジェン

hablar 話す
アブラル

規則活用

	単数	複数
一人称	hablo アブロ	hablamos アブラモス
二人称	hablas アブラス	habláis アブライス
三人称	habla アブラ	hablan アブラン

llamarse 〜という名前である
ジャマルセ

規則活用

	単数	複数
一人称	me llamo メ ジャモ	nos llamamos ノス ジャマモス
二人称	te llamas テ ジャマス	os llamáis オス ジャマイス
三人称	se llama セ ジャマ	se llaman セ ジャマン

buscar 探す
ブスカル

規則活用

	単数	複数
一人称	busco ブスコ	buscamos ブスカモス
二人称	buscas ブスカス	buscáis ブスカイス
三人称	busca ブスカ	buscan ブスカン

encontrar 見つける
エンコントラル

不規則活用

	単数	複数
一人称	encuentro エンクエントロ	encontramos エンコントラモス
二人称	encuentras エンクエントラス	encontráis エンコントライス
三人称	encuentra エンクエントラ	encuentran エンクエントラン

	単数	複数
一人称	**compro** コンプロ	**compramos** コンプラモス
二人称	**compras** コンプラス	**compráis** コンプライス
三人称	**compra** コンプラ	**compran** コンプラン

規則活用
comprar コンプラル 買う

	単数	複数
一人称	**pago** パゴ	**pagamos** パガモス
二人称	**pagas** パガス	**pagáis** パガイス
三人称	**paga** パガ	**pagan** パガン

規則活用
pagar パガル 支払う

	単数	複数
一人称	**salgo** サルゴ	**salimos** サリモス
二人称	**sales** サレス	**salís** サリス
三人称	**sale** サレ	**salen** サレン

不規則活用
salir サリル 出発する

	単数	複数
一人称	**llego** ジェゴ	**llegamos** ジェガモス
二人称	**llegas** ジェガス	**llegáis** ジェガイス
三人称	**llega** ジェガ	**llegan** ジェガン

規則活用
llegar ジェガル 到着する

規則活用
abrir アブリル 開ける

	単数	複数
一人称	**abro** アブロ	**abrimos** アブリモス
二人称	**abres** アブレス	**abrís** アブリス
三人称	**abre** アブレ	**abren** アブレン

不規則活用
cerrar セラル 閉める

	単数	複数
一人称	**cierro** シエロ	**cerramos** セラモス
二人称	**cierras** シエラス	**cerráis** セライス
三人称	**cierra** シエラ	**cierran** シエラン

著者

イスパニカ

1981年設立。91年から「読み書き」に重点をおいたスペイン語の通信講座をスタート。2011年からは通訳・翻訳者養成クラスを中心に通学コースを開設。趣味で学ぶ人と仕事で使う人の両方のニーズに応え、日本とスペイン語圏の懸け橋になるよう努めている。
〈著書〉
『文法から学べるスペイン語』（ナツメ社）
『絵を見て話せるタビトモ会話　スペイン』（JTBパブリッシング）
『スペイン語ビジネス会話フレーズ辞典』（三修社）　など多数

María Castellanos　　マリア・カステジャノス

1984年、エルサルバドル共和国で生まれ2003年に来日。12年、名古屋市立大学人文社会学部国際文化学科卒業。スペイン語教師、通訳・翻訳士としての経験がある。
〈著書〉
『たちあがる言語・ナワト語 ―エルサルバドルにおける言語復興運動―（共著）』（新泉社）

聴ける！読める！書ける！話せる！
スペイン語 初歩の初歩 音声DL版

著　者　イスパニカ／María Castellanos
発行者　高橋秀雄
編集者　原田幸雄
発行所　**株式会社 高橋書店**
　　　　〒170-6014　東京都豊島区東池袋3-1-1 サンシャイン60 14階
　　　　電話　03-5957-7103

ISBN978-4-471-11461-9　ⒸTAKAHASHI SHOTEN　Printed in Japan

本書の内容についてのご質問は「書名、質問事項（ページ、内容）、お客様のご連絡先」を明記のうえ、郵送、FAX、ホームページお問い合わせフォームから小社へお送りください。
回答にはお時間をいただく場合がございます。また、電話によるお問い合わせ、本書の内容を超えたご質問にはお答えできませんので、ご了承ください。本書に関する正誤等の情報は、小社ホームページもご参照ください。

【内容についての問い合わせ先】
　書　面　〒170-6014　東京都豊島区東池袋3-1-1 サンシャイン60 14階　高橋書店編集部
　ＦＡＸ　03-5957-7079
　メール　小社ホームページお問い合わせフォームから　（https://www.takahashishoten.co.jp/）
【不良品についての問い合わせ先】
　ページの順序間違い・抜けなど物理的欠陥がございましたら、電話03-5957-7076へお問い合わせください。
　ただし、古書店等で購入・入手された商品の交換には一切応じられません。